순대전문점 마케팅론

쑨두레테레 손우형

순대전문점 마케팅론

초판 1쇄 인쇄	2014년 07월 09일
초판 1쇄 발행	2014년 07월 11일

지은이	쑨두레테레 손우형		
펴낸이	손형국		
펴낸곳	(주)북랩		
편집인	선일영	편집	이소현, 이윤채, 조민수
디자인	이현수, 신혜림, 김루리	제작	박기성, 황동현, 구성우
마케팅	김회란		
출판등록	2004. 12. 1(제2012-000051호)		
주소	서울시 금천구 가산디지털 1로 168, 우림라이온스밸리 B동 B113, 114호		
홈페이지	www.book.co.kr		
전화번호	(02)2026-5777	팩스	(02)2026-5747
ISBN	979-11-5585-260-6 13320(종이책) 979-11-5585-261-3 15320(전자책)		

이 책의 판권은 지은이와 (주)북랩에 있습니다.
내용의 일부와 전부를 무단 전재하거나 복제를 금합니다.

이 도서의 국립중앙도서관 출판예정도서목록(CIP)은 서지정보유통지원시스템 홈페이지(http://seoji.nl.go.kr)와 국가자료공동목록시스템(http://www.nl.go.kr/kolisnet)에서 이용하실 수 있습니다.
(CIP제어번호: 2014019395)

제가 연구하고 개발하는 분야는 식당에서 대중을 상대로 판매하는 음식입니다. 내 음식을 먹는 사람들은 어떤 사람들인가? 내 음식을 먹는 사람들은 어떤 기분으로 먹는가? 음식이 아닌 음식을 먹는 사람을 바라보면서 자연스럽게 많을 것을 볼 수 있게 되었습니다. 그리고 이제 여러분과 함께 새로운 정보를 공유하고자 합니다.

이 강좌의 목적은 이렇습니다. 대박집의 겉모습이 아닌 본질을 볼 수 있는 시각을 갖도록 도움을 주고자 합니다. 음식점에 내 모든 것을 투자하지 않을 것이라면 보통 사람들과 같아도 괜찮겠지만 우리는 전 재산과 인생을 걸고 투자하는 것이기 때문에 좀 더 정확한 시각과 지식이 필요합니다. 건강하면서 사람들에게 인정받는 맛이 무엇인지, 어떻게 만들 수 있는 것인지 원리를 배워보고자 합니다. 흔히 식당에서 파는 음식이라고 하면 몸에 나쁠 것이라고 생각하는 경우가 많습니다. 하지만 이제는 건강이라는 주제를 잊어버린 채 음식을 판다는 것은 기대할 수 없는 시대입니다. 요행으로 짧은 시간 동안 팔릴 수 있을지는 모릅니다. 그렇지만 장기적으로는 분명 힘들어질 수밖에 없습니다.

이 강좌를 통해서 우리는 손우형순대대학에서 배우는, 작게 시작해서 대를 이어갈 수 있는 외식기업을 만들 수 있는 진정성 있는 음식을 만드는 원리를 배울 수 있습니다. 스토리텔링을 직접 할 수 있는 능력을 함양시키고자 합니다. 수많은 식당들이 생겨나고 사라지고 하는 것이 요즘의 현실입니다. 근근이 버티고 있는 곳이 있는 반면 전국적으로 보면 적지 않은 숫자는 대박집의 반열에 오르며 꿈을 이루고 있습니다. 그 꿈을 향한 스토리를 여러분 스스로 만들 수 있는 비법에 대해서 같이 배우게 될 것입니다.

사람들에게 자신을 소개하고 알릴 수 있는 효과적인 비법에 대해서도 배울 수 있습니다. 사람들에게 자신을 알린다는 것은 매우 중요한 일입니다. 그렇지만 많은 사람들이 이 중요성에 비해 들이는 노력은 그다지 많지 않습니다. 홍보, 광고, 마케팅 이런 것들은 무조건 어렵다고 생각하거나 혹은 전단지만 열심히 뿌리면 된다고 생각하는 분들이 많습니다. 열심히만 한다고 1등이 되는 세상이 아닙니다. 이제는 정확한 지식으로 무장한 실천이 필요합니다. 여러분의 성공을 기원합니다.

* 쑨두란
순대의 국제화된 표기법으로 개발된 용어로 ssoondoo로 표기한다.

* 쑨두레테레란
신뢰성 있는 쑨두를 만드는 사람이라는 뜻으로 쑨두(순대)전문인을 뜻한다.

Contents

Chapter 1
장사가 안 되는 이유는 무엇인가?_13

1. **대박집을 따라 해도 대박이 안 나는 이유 / 18**
   - 비법 1　선도자의 법칙(The Law of leadership) · 20
   - 비법 2　나쁜 상권의 대박집, 그 비밀을 파헤친다 · 26

2. **오픈발에 실수하면 3년 간다 / 30**
   - 비법 3　오픈발의 위험과 낙인 그 후 · 32
   - 비법 4　오픈이벤트로 할인은 어느 정도가 적당한가? · 035
   - 비법 5　지인을 상대하는 원칙 · 37
   - 비법 6　오픈멤버는 어떻게 구성이 되어야 하는가? · 40
   - 비법 7　오픈광고는 언제 하는 것이 좋은가? · 43

3. **초보 장사꾼에게 어김없이 나타나는 모태 전문가들 / 46**
   - 비법 8　모태전문가들 3대 어록 · 48
   - 비법 9　장사가 안 되면 나쁜 말만 기억에 남는다 · 51
   - 비법 10　내 음식의 평가는 빈 뚝배기가 말해준다 · 53

4. 내가 이 집의 주인이고, 손님은 객이다 / 55

비법 11   진상고객의 입소문을 두려워하지 마라 · 56

비법 12   내 사업의 안전 도우미 · 57

비법 13   경영자의 외모가 피곤에 찌들면 안 된다 · 59

Chapter 2
팔리는 음식을 만드는 비법_61

1. 중독성 있는 음식을 만드는 비법 / 64

비법 14   혀끝으로 중독성을 느끼는 맛을 내는 비법 · 65

비법 15   오감을 자극하여 만족도가 극대화되는

               맛있는 음식을 만드는 비법 · 66

비법 16   재구매율을 높이는 음식 제공 비법 · 68

비법 17   전골을 맛있게 제공하는 비법 · 70

비법 18   마실 것은 취향대로 · 72

비법 19   음식을 추억으로 만드는 비법 · 75

2. 음식의 정체성을 이해하면 만족도가 올라간다 / 77

비법 20   음식의 종류별 맛의 특징과 선호 연령대 · 78

비법 21   대, 중, 소가 있어야 하는 메뉴와 가격 책정 원리 · 79

Chapter 3
잘 파는 식당을 만드는 비법_83

1. 장사가 잘 돼야 하는 이유가 있는가? / 87

    비법 22   사람들이 대박집에 가는 이유는 무엇인가? · 88

    비법 23   멀리서도 그 집을 찾아가는 이유 · 91

    비법 24   이 집은 무엇을 가장 잘하나요? · 93

    비법 25   이 집의 자랑거리는 무엇인가요? · 95

2. 욕심을 버리면 고객이 기억한다 / 97

    비법 26   빨리 안 가면 못 먹는 맛집 · 98

    비법 27   가격 대비 괜찮은 집 vs 가치가 있는 맛집 · 101

3. 10평 식당도 할 수 있는 스토리텔링 개발 비법 / 102

    비법 28   누구나 할 수 있는 스토리를 쓰는 방법 · 103

    비법 29   돈 들이지 않고 콘셉트의 가능성을 테스트 하는 방법 · 106

4. 상호 정하기 / 107

    비법 30   어떤 것을 내세워야 하는가? · 108

    비법 31   내비게이션 검색에 유리한 상호 짓기 · 109

5. 수익률을 획기적으로 높이는 비법 / 111

비법 32   테이블 객단가를 2만 1,000원에서
                 8만 4,000원으로 높이는 비법 · 112

비법 33   한정판매의 매력과 기능 · 115

비법 34   순수익률을 높이는 가격 책정 전략 · 118

비법 35   불필요하게 지출되고 있는 비용 한 달 약 70만 원 · 120

Chapter 4
자존심을 버리는 것이 서비스가 아니다.
고객의 불편함을 이해하면 그것이 서비스다_ 123

1. 고객에게 말 한마디 더 건네는 것이 서비스가 아니다 / 126

비법 36   친절한 직원이 위협이 되는 이유 · 127

비법 37   친절한 직원이 없어도, 서비스를 만족하게 만드는 비법 · 129

비법 38   신뢰를 만들어라 · 132

비법 39   고개의 불편함을 이해하라 · 135

비법 40   돈들이지 않고 고객의 위신을 세워줘라 · 139

Chapter 5
광고. 홍보, 입소문_143

1. 광고, 홍보! 어떻게 해야 하나? / 146
- 비법 41 　소셜에 프로필 카드 올리기 · 147
- 비법 42 　나의 음식을 팔면 안 된다. 열정을 팔아야 한다 · 148

2. 광고, 홍보! 어디에 해야 하나? / 151
- 비법 43 　나는 카스, 페북 마니아 · 152
- 비법 44 　읽히는 전단지와 이야기를 퍼뜨려 주는 사람들 · 154

3. 일상 이야기가 스토리가 되어 고객들 스스로 SNS에 글을 올리게 하는 방법 / 156
- 비법 45 　입소문의 원리 및 스토리텔링 예제 · 157
- 비법 46 　찍고 싶은 것을 제공하라 · 159
- 비법 47 　20초 먼저 말해줘라 · 160
- 비법 48 　체험시켜라 · 161
- 비법 49 　명함 추첨 이벤트로 SNS 친구를 확보하라 · 163
- 비법 50 　성공을 점검하라 · 165

Chapter 1

장사가 안 되는
이유는 무엇인가?

ssoondoo

누군가에게 이렇게 말한 경험이 있는가?

> 한번 온 사람은 계속 온다.
> 30분~1시간 거리의 멀리 있는 손님도 찾아온다.
> 친절한 것으로는 둘째가라면 서러울 정도로 손님에게 잘한다.
> 먹고 나면 꼭 '잘 먹었습니다.' 라고 인사하며 나간다.

위와 같은 말을 한 적이 있다면 이런 말도 했을 것이다.

> 사실 나는 장사가 안 되는 이유를 알고 있다.
> 내가 저 집보다 훨씬 맛있는데 저 집만 장사가 잘 돼. 저 집은 장사운이 좋아.

음식이 맛있다고 칭찬을 하며 멀리서 찾아오는 단골들도 많은데 장사는 여전히 안 된다. 도대체 이유가 뭘까? 혹자는 운명이라고도 한다. '저 집은 창업운, 장사운이 좋아서 잘되는 것이고 나는 운이 안 좋아서 안 되는 것이다.'라고 말한다. 그렇다면 나는 운이 안 좋으니까 평생 이렇게 살아야 하는 것일까? 그렇다면 너무 절망적이고 슬프지 않을까?

걱정하지 않아도 된다. 손우형순대대학은 여러분의 성공창업과 함께 할 것이다. 단, 이제부터 나오는 이야기는 절대로 인정할 수 없다고, 아니라고 거부할 내용이 많이 있을 수 있다. 그리고 당신의 자존심을 송두리째 짓밟을 수 있다. 그러니 독한 마음을 먹고 계속 읽어주기 바란다. 본 강좌를 잘 따라온다면 얄팍한 자존심의 자리는 뿌리 깊은 자존감으로 가득 채울 수 있을 것이다.

1막의 내용은 손뼉을 치며 공감이 되는 내용이 많이 있을 수 있고, 내 얘기는 아니라며 거부감이 드는 내용도 있을 것이다. '1막의 장사가 안 되는 이유'를 모두 공부하고 나면 다이어리를 한 권 준비하여 날짜별로 체크하기 바란다. 체크를 하는 이유는 당신의 기억은 왜곡되어 있기 때문이다. 기억 속에 있는 고객들의 만족도, 기억 속에 있는 클레임 고객의 숫자는 진실과 다르게 왜곡된 채 기억되어 있는 경우가 대부분이다. 이 현상은 영국의 심리학자 프레더릭 바틀릿(Sir Frederick Charles Bartlett, 1886~1969)의 실험으로 유명한 현상이다. 이것을 기초로 손우형순대대학 대표, 서울신용보증재단 컨설턴트, 소상공인진흥공단 컨설턴트로 재직하며, 식당 창업의 최전선에서 많은 분들을 만나고 이야기하고,

진단하며 발견되는 공통 현상들을 정리하였다.

 장사가 안 되는 이유를 명확하게 인정하고, 객관적으로 기억할 수 있는 체계를 구축하는 것으로 대박집으로 향한 전환은 시작되는 것이다. 이제부터 장사가 안 되는 이유를 낱낱이 해부하러 들어가 보겠다.

대박집을 따라 해도 대박이 안 나는 이유
- 따라하는 것이 전부는 아니다

많은 사람들이 대박집을 꿈꾸며 창업을 결심한다. 혹자는 처음부터 대박집을 따라한다는 것은 터무니없는 생각이라며 비난하기도 한다. 하지만 필자는 이런 생각이 창업을 하는 데 있어서 아주 바람직한 자세라고 생각한다. 바라보고 정진할 수 있는 목표는 더 높은 곳에 올라가는 에너지를 만들어줄 수 있기 때문에 이는 매우 바람직한 자세라고 할 수 있다. 단, 남의 성공을 빼앗아오고자 그곳의 모든 것을 흉내만 내는 아류작을 만드는 것은 백전백패임을 명심해야 한다. 이것은 단지 도덕적인 차원에서 말하는 관념적인 말이 아니다. 실제로 논리적인 근거를 기반으로 가지고 있는 문제다. 세계적인 마케팅 서적 〈마케팅 불변의 법칙〉에 나오는 '선도자의 법칙'이라는 개념이다.

실제 창업에서 저지르는 가장 큰 실수는 현재 유동인구가 거의 없는 죽은 상권에서 승승장구하고 있는 대박집을 탐내는 경우다. 누가 봐도 죽은 상권에 대박집이 있다는 이유로 동종 업종을 차린다. 그것도 많은 자본을 들여서 목표로 하는 대박집보다 크게 창업하는 경우가 있다. 이것은 그나마 권리금조차 챙기지 못할 매우 위험한 행위라는 것을 명심해야 한다. 이제부터 무작정 대박집을 따라 해도 제2의 대박집이 될 수 없는 이유에 대해서 알아보겠다.

비법 1 선도자의 법칙(The Law of leadership)

  선도자의 법칙이란 '더 좋은 제품을 팔기보다는 최초로 시작하는 것이 더 낫다'라는 의미의 이론이다. 어떤 시장을 선점한 자는 후발주자보다 유리한 위치에 있게 된다. 후발주자가 더 뛰어난 품질이라고 하더라도 선발주자가 더 유리하다는 것이다. 이 내용은 세계적인 마케팅 학자인 알 리스와 잭 트라우드의 저서인 〈마케팅 불변의 법칙〉에 나오는 이론이다. 흔히 생각하기를 더 맛있는 음식을 판매하면 그 집의 손님들을 빼앗아 올 수 있고, 이길 수 있을 것이라고 생각한다. 하지만 세계적인 마케팅학자인 알 리스와 잭 트라우트의 〈마케팅 불변의 법칙〉에서는 '먼저 깃발 꽂은 놈이 임자'라고 말하고 있다. 과연 어떤 것이 진실일까?

  예를 들어보겠다.

  콜라 하면 무엇이 떠오르는가??

  사이다 하면 무엇이 떠오르는가?

라면이라고 하면 떠오르는 것은 무엇인가?

아마 주변의 분들에게 말씀하셔도 거의 비슷한 대답을 할 것이다. 라면 정도만 연령대에 따라서 삼양라면과 신라면으로 나뉠 것이다. 왜냐하면 세대에 따라서 선점된 라면이 다르기 때문이다. 개그콘서트에 나왔던 유행어가 있다. 1등만 기억하는 더러운 세상!

조금 더 와 닿는 예를 들어보겠다.

라면을 먹고자 하면 어떤 것을 선택할까? 특별한 이유가 없는 한 신라면을 선택할 것이다. 꼭 신라면이 가장 맛있는 라면일까? 평소에 특별한 이유 없이 신라면을 선택했다면 꼭 객관적인 시각으로 맛을 음미하면서 다른 라면을 맛보기 바란다. 분명히 더 맛있는 라면들이 많다. 하지만 특별한 이유가 없다면 신라면을 선택하게 된다. 그렇다면 특별한 이유라는 것은 무엇일까? 잠시 생각해보시기 바란다.

이번에는 순댓국을 먹으려고 한다면 어떤 곳을 선택할 것인지에 대해서 생각해보겠다. 대부분의 지역에는 대박집을 선점한 순대집이 있다. 그리고 사람들은 순댓국을 먹을 때 특별한 이유가 없는 한 그 지역의 대박집을 향해서 움직이게 될 것이다. 설상가상으로 세계적인 마케팅학자인 알 리스와 잭트라우트는 선점하는 놈이 임자고, 노력을 해도 그 자리를 빼앗기는 힘들다고 말하고 있다. 어떻게 해야 할까?

그 대박집 옆에 식당을 차려서 빼앗아 와야 할까?
더 크고, 더 화려하게 차리면 되는 것일까?
아니면 생각한 지역을 포기하고, 새로운 지역을 선택해야 할까?
그마저도 아니면 순대전문점 창업을 포기해야 하는 것일까?
이럴 때 이런 말을 하고 싶다. '포기하지 마! 포기하기는 **우리의 꿈이 너무나 크잖아!**'

라면시장에서 부동의 1위를 지키고 있는 신라면을 이기는 방법은 무엇일까?
기존의 시장을 분석하면 순대에서도 새로운 방법을 어렵지 않게 찾아낼 수 있다.
신라면을 이기려면 굳이 같은 시장에서 이기려고 싸울 필요가 없다. 관점을 약간만 비틀어서 새로운 시장을 창출하면 된다.

기존 라면의 면발을 굵게 만들면 무엇이 될까? 너구리
기존 라면의 국물을 하얗게 바꾸면 무엇이 될까? 꼬꼬면
기존 라면의 형태를 조금 많이 비튼 예로 무엇이 있을까? 짜장라면, 짜파게티
형태는 그대로 두면서 관점을 바꾼 라면은 무엇이 있을까? 밥 말아 먹으면 맛있는 라면 진라면이 있다.

관점을 바꿔서 새로운 시장을 창출하는 것은 아무나 하는 것이 아니라고 생각하는 경우가 많다. 생각처럼 결코 어렵지 않다.
순댓국을 비트는 방법이다. 순댓국 하면 어떤 것이 떠오르는가?
진하고, 담백하고, 뽀얗고, 하얀 국물이 떠오르는 것이 보통이다.
하얀 국물이 아닌 빨간 국물을 만드는 방법이 있다.
하얀 국물이면서 매운맛만 추가하는 방법이 있다.
밥 대신 국수를 넣는 방법도 있다.

순댓국이 아닌 경쟁구도를 다른 것으로 돌려서 독보적인 시장을 차지하는 방법도 있다.

메인메뉴를 순댓국이 아닌 직접 만드는 수제순대로 내세우는 것이다. 해당 지역의 대박집이 순대를 직접 만들지 않는다면, 순대를 만든다는 한 가지 이유만으로 이미 경쟁우위에 올라설 수 있다.

음식의 형태가 아닌 이 음식을 먹어야 하는 스토리를 바꾸는 방법도 있다. 가시오가피나 헛개나무 등을 이용하여 건강에 특화시키는 방법이 있다. 또는 음식점 메뉴 전체를 매운맛으로 특화시키는 방법도 있다.

흔히 이런 것을 틈새시장이라고 표현한다. 표현은 틈새이지만 매우 거대한 시장이다. 방향만 잘 잡으면 전국구 프랜차이즈로 성장할 수 있는 규모다. 틈새시장을 아무나 찾을 수 있을까? 정답은 '찾을 수 있다' 이다. 조금만 노력한다면 찾을 수 있다. 하지만 아무나 찾지 못하는 이유는 틈새시장의 가능성을 말도 안 된다고 치부하거나 나는 못한다고 지레 포기하기 때문에 찾지 못할 뿐이다. 작은 차이와 훌륭한 조언자만 있다면 누구라도 전국구 프랜차이즈까지도 넘볼 수 있다. 위에 열거한 방법들 중 다수는 실제로 성업 중인 매장의 방법을 소개한 것이다. 또 일부는 프랜차이즈나 공장으로 승승장구하고 있다. 여러분에게는 손우형순대대학이 함께한다는 것을 잊지 말기 바란다.

비법 2 나쁜 상권의 대박집, 그 비밀을 파헤친다

 간판도 없는데 장사가 잘 되는 고깃집, 산골짜기에 있는데 잘 되는 포장마차, 유동인구도 없는데 장사가 잘 되는 백반집 등 나쁜 상권에서도 대박 치는 식당이 있다는 얘기는 우리 주변에서 흔히 들려온다. 아무리 봐도 장사가 잘 될 만한 요소가 하나도 없는데도 불구하고 장사가 너무나 잘 된다. 이런 것을 보고 사람들은 흔히 말한다. '운이 좋아서 저렇게 잘 되는 모양이구나.'라고 말이다.

 그저 운이 좋아 잘 되는 부러운 집으로 치부하면 다행이다. 문제는 허름한 대박집을 잡겠노라고 하는 경우다. 허름한 대박집 옆에 더 크고, 더 화려하고, 더 맛있게 하면 될 것이라며 차린다. 과연 성공할 수 있을까? 그런 헛된 욕망은 평생 벌어놓은 모든 것을 잃게 만들 뿐이라는 것을 명심해야 한다.

 나쁜 상권의 대박집이 될 수 있는 이유를 알기 위해서는 그 점포와 그 주변 상권의 과거를 생각해보아야 한다. 지금은 죽은 상권이지만 예전에는 황금상권이었던 경우가 많다. 황금상권이 되는 경우는 여러 가지가 있지만 호황기부터 꾸준하게 선순환이 이어지면서 그 음식점의 역사성이 구축된 경우라고 볼 수 있다.

현재는 유동인구도 별로 없지만 예전에는 명동에 버금갈 만큼 유동인구가 많은 곳이었던 경우가 있다. 또는 그 가게가 시작할 때 그곳에 도시개발 등의 호재가 있었고, 그로 인해 자리를 잡았던 경우가 있다. 항상 손님이 바글거리는 선순환을 이룰 수 있을 때 착실하게 내실을 쌓고, 단골을 확보하여 대박집으로 인식을 시킨 경우라고 볼 수 있다. 그도 아니면 경영자의 끊임없는 노력으로 지역 내의 인정을 얻고 있는 경우도 있다. 이유 없이 장사가 잘 되지는 않는다. 장사가 잘 되는 점포에는 반드시 이유가 있다. 다만 그 이유가 눈에 잘 보이지 않을 뿐이다.

또는 이런 이야기를 들어보았을 것이다. '처음 2년 동안은 자리 잡기가 힘들었는데 3년차에 들어서면서부터 손님들이 늘어나기 시작하더라고요.' 흔히 이런 전설은 시간이 지나면서 맛집으로 소문이 났고, 그 이유로 손님이 늘었을 것이라고 생각하는 경우가 대부분이다. 그리고 이렇게 생각하며 창업을 하고는 한다. '나도

몇 년만 고생하면 다 잘 되겠구나.'

이런 단순한 생각으로는 아무도 결과를 장담할 수 없다.

식당이 망하는 이유는 한 가지만으로도 가능하다. 하지만 잘 되는 이유는 매우 복합적인 것이 제대로 어우러졌을 때 비로소 가능하다. 상권이 나쁜 곳이라면 신규 진입 점포에게는 불가능한 역사성이 큰 몫을 하는 경우도 있다. 하지만 많은 분들은 그 이유를 명확히 알지 못한 채 이런 생각을 한다.

'이렇게 자리도 안 좋은데 장사가 되네? 게다가 허름하잖아? 음식도 내가 더 맛있어?'

'내가 건물도 더 크게 지어서 다 뺏어 먹어야겠다.'라고 생각을 하고 불구덩이에 뛰어들고는 한다. 상권이 나쁜 곳에 찾아오는 손님들은 말 그대로 찾아오는 것이다. 주변을 둘러보는 것이 아니다. 주변의 다른 대안을 염두에 두고 오는 것이 아니다. 오직 목표를 향해서 찾아오는 것이다. 나쁜 상권에 위치한 대박집의 옆은 중박은커녕 쪽박집이 되기에 딱 좋은 위치다. 원인을 규명하기 위해서는 현재의 상태뿐 아니라 그곳의 살아온 역사를 읽어야 한다. 그리고 역사와 함께 숙성되어 온 그곳의 역사성에 대해 이해를 할 때 비로소 나쁜 상권의 대박집에 대한 이해가 되는 것이다.

나쁜 상권에 위치한 대박집이 잘 되는 이유를 일반인들은 그저 막연하게 생각하고 추측하는 경향이 있다. 간혹 대박집이 된 이유를 맞히는 경우도 있다. 하지만 그야말로 운이 좋은 것일 뿐이다. 창업을 한다는 것은 적게는 전 재산을 투자하고, 크게는 전 재산에 대출까지 하는 경우가 대부분이다. 나쁜 상권은 폐업을 하기 위해서 점포를 다시 내놓았을 때 매물이 나가지 않는 경우도 많으니 매우 신중하게 생각해야 한다. 대박집의 정확한 이유를 분석하고, 그에 맞는 전략적 행동을 하지 않으면 돌이킬 수 없는 상황에 처할 수 있음을 꼭 명심해야 한다.

2 오픈발에 실수하면 3년 간다

　여러분이 음식점을 창업하고자 마음을 먹고 준비를 한다면 자신의 주변에 외식업 전문가가 이렇게 많다는 사실을 새삼 깨닫게 될 것이다. 그리고 어마어마한 훈수와 훈계를 듣게 될 것이다. 모두들 얼마나 잘 알고 있는지 '전 국민이 외식업 전문가가 아닌가?'라는 착각까지 들 정도일 것이다. 이들은 저마다의 비법을 전수해 줄 것이다. 특히 초보사장님이 듣기에는 당장 돈이 벌릴 것만 같은, 귀가 솔깃해지는 이야기가 대부분일 것이다. 사람들에게 이야기의 출처를 묻는다면 자신이 외식업 전문가라며 여러 식당을 했었다, 혹은 자신의 친척집이 대박집을 했었다는 등의 근거를 제시하면서 의기양양해 할 것이다. 그렇지만 그 비법들이 서로 다르고 때로는 서로 모순되는 이야기를 할 때도 있을 것이다. 이 정도 상황이 되면 누구를 믿어야 할지 혼란스럽기만 하다.

그런데 여러 사람들의 이야기를 종합해 보면 한 가지 흥미로운 사실을 발견할 수 있을 것이다. 사람들의 의견이 다 제각각이지만 아마도 오픈에 대해서는 대부분 같은 이야기를 할 것이다. 바로 첫 오픈발이 중요하다는 것이다. 하지만 눈앞의 이익만 신경을 쓴다면 '첫 끝발이 개 끝발'이라는 비속어가 딱 맞는 상황이 될 수 있으니 당장 눈앞에 보이는 돈을 쫓지 않을 수 있는 의연함을 가진 채로 장사에 임해야 한다. 1막 2장은 이런 각오로 매우 진지하게 따라와 주기 바란다.

본격적으로 1막 2장을 시작하기에 앞서 다시 한 번 말하지만 오픈발은 기회가 아닌 낙인이 될 수 있다는 사실을 명심하기 바란다.

비법 3 오픈발의 위험과 낙인 그 후

오픈발이란 무엇일까? 새로운 음식점이 신장개업을 하면 그곳에 대한 호기심으로 많은 고객들이 방문하는 것을 뜻한다. 대부분 첫 오픈 2일은 호기심에 방문하는 고객부터 지인까지 이루 말로 표현할 수 없을 정도로 성황을 이룬다. 그리고 이 효력은 오픈 후부터 2개월이 지날 때까지는 강하게 유지된다. 4개월이 지나면서 거의 효력이 끝나고, 6개월이 되면 효력이 사라지는데 이것을 오픈발이라고 한다.

오픈발은 자신의 식당이 위치한 상권에 자신을 알리는 데 큰 역할을 하며 투자한 비용을 다시 회수하여 자금의 흐름을 윤택하게 하는 데 도움이 될 것이라고 생각한다. 그렇지만 과연 그럴까? 나만의 착각일 가능성이 크다. 왜 그런지에 대해서 생각해보자.

오픈 전 광고를 대대적으로 하면 고객의 수는 식당이 포화상태에 이를 정도로 많이 온다. 고객이 많이 오면 좋다고 생각하는가?

문제는 이런 상황에서 발생한다. 문제의 시발점은 바로 낯설다는 것이다. 이곳에 처음 오는 것은 고객뿐 아니라 직원도 마찬가지고 심지어는 경영자도 마찬가지다. 식당이 잘 되기 위해서는 고객이 주문한 음식이 제 시간에 완벽한 상태로 나갈 수 있어야 한다. 하지만 대형 프랜차이즈여서 전 매장의 주방을 완전히 똑같이 만들고 본사에서 파견한 직원이 한 달 이상 근무할 것이 아닌 이상 이것은 무리다. 새로운 주방에서 무리 없이 음식을 착착 할 수 있는 사람은 아무도 없다.

주방만이 문제가 아니다. 식당 내부도 아직은 틀이 잡히지 않아서 많은 실수가 발생할 수 있다. 이렇게 준비가 되어 있지 않은 상태에서 포화상태에 이를 정도로 많은 고객을 맞이하면 그들은 모두 유쾌하지 못한 경험을 하게 된다. 음식의 맛, 서비스, 어느 부분이든 반드시 문제가 발생할 수밖에 없는 것이다.

그렇지만 더 무시무시한 것은 따로 있다. 처음 오픈했을 때 오는 사람들은 호기심이 강하고 새로운 것을 적극적으로 찾아다니는 사람들인 경우가 많다는 것이다. 그리고 이런 사람들의 입소문은 상당히 강력하다. 이런 사람들이 우리 점포에 들어왔는데 매우 유쾌하지 못한 경험을 선사했다면 어떻게 될까? 아마 상상이 갈 것이다. 그렇지만 실제 여파는 상상 그 이상이다. 이런 사람들에게 선사한 불쾌한 경험은 현대판 식당 낙인이 되어 우리들을 두고두고 괴롭히게 될 것이다.

오픈발이 얼마나 위험한지 알고 싶으면 대대적으로 신장개업하는 집들을 꼭 찾아가서 잘 살펴보자. 그러면 직접 확인을 할 수 있을 것이다. 제 역할을 못 찾는 직원들, 여유 없는 표정들, 질이 떨어지는 서비스, 부족한 맛. 만약 처음부터 일사분란하게 제대로 돌아가는 곳이 있다면 꼭 그곳에 취직해서 분위기를 익혀보기를 권유한다. 그 집은 정말 대단한 곳이다.

 비법 4 오픈이벤트로 할인은 어느 정도가 적당한가?

많은 식당 점주님들이 착각하는 것이 있다. 보통 오픈을 하면 다음과 같은 생각을 한다.

'일단 오픈을 하면 기왕 돈 쓰는 김에 술값이든 음식 값이든 저렴하게 제공을 하는 거야.

그렇게 맛을 알리고 광고를 하면 자연스럽게 단골이 되겠지.'

하지만 애석하게도 이런 기대는 빗나가기 쉽다. 저렴한 가격으로 할인을 받았던 사람들은 나중에 제값을 낼 때 손해 보는 기분을 느낀다는 연구 결과는 이미 널리 알려진 사실이다. 처음부터 너무 싼 가격으로 영업을 시작하면 추후 적당한 가격으로 올리게 될 때 사람들은 거부감을 느낀다는 것이다.

또한 지역에 따라서 다르겠지만 다양한 이유를 내세우며 가격 할인 행사를 하는 식당들은 계속해서 나타날 것이다. 그리고 싼 가격에 우리 식당을 찾았던 손님들은 자연스럽게 새로 가격 할인을 해 주는 식당을 향해서 떠나갈 것이다. 한 마디로 오픈이벤트로 가장 조심해야 하는 것이 바로 가격할인이나 혹은 판매하는 음식을 과도하게 많이 제공하는 서비스 등이다. 라이터나 떡 등 간단하고 실용적인 선물을 제공하는 것이 차라리 훨씬 나은 방법이다. 노 세일 브랜드는 처음 자리를 잡을 때는 불안한 마음이 있을 수 있지만 정성껏 만든 음식이 헐값이 되는 것을 보고 싶지 않다면 슬기롭게 극복해야 하는 과제이다.

비법 5 지인을 상대하는 원칙

　많은 분들이 음식점을 처음 시작하면 지인들이 많이 팔아주는 것을 기대한다. '지인은 내가 실수를 하면 정확하게 지적을 해주고 음식을 잘못 만들면 제대로 말해줄 수 있기 때문에 여러 가지로 도움도 받을 수 있다.'고 생각한다. 그렇지만 이것은 잘못된 생각이다. 지인은 나의 음식을 팔아주는 사람이 아니라 음식을 향한 내 열정을 세상에 전파해 줄 민들레 꽃씨와 같은 존재가 되어야 한다.

　지인을 상대할 때는 몇 가지 원칙을 지켜야 한다.

　첫 번째 원칙, 내 서비스가 완벽해지기 전까지는 일부러 초청을 하면 안 된다. 일부러 오지 못하게 할 필요까지는 없지만 완벽하게 되기 전에는 일부러 초대하지 않는다. 점차 나아지는 모습은 SNS(카카오스토리나 페이스북) 등을 통해서 보여주는 것으로 충분하다. 그들이 실제로 내 식당에 방문하여 내 음식과 서비스를 제공받았을 때는 무조건 감동을 받도록 해야만 한다. 그렇게 그들을 진심으로 감동시킬 수 있다면 그들은 진심을 가득 담아서 널리 입소문을 내줄 것이다.

두 번째 원칙, 무조건 음식 값을 받아야 한다. 지인들이 오는 경우 음식 값을 받지 않으면 다시 그곳에 갈 때 부담을 느끼고 자주 못가는 경우가 생길 수도 있다. 또는 반대로 공짜로 먹는 것을 당연하게 여기는 상황이 되면 올 때마다 공짜로 얻어먹으려고 하는 경우가 발생할 수도 있다. 그러므로 돈은 꼭 받아야 한다. 화분 등의 선물을 가지고 왔는데 돈까지 받는 것이 부담스러운 상황이 생길 수도 있다는 것은 충분히 이해한다. 그런 경우에는 간단한 해결책이 있다. 바로 미리 특별한 선물을 준비해두는 것이다. 필자는 특별한 선물을 주기 위해서 직접 담근 술이나 천연조미료 등을 주곤 한다. 그것은 귀한 선물이지만 필자가 판매하는 것은 아니기 때문에 다른 문제가 전혀 발생하지 않는다. 단, 1년에 한번 오기도 힘들 정도로 먼 곳에 있는 손님은 돈을 받는 것에서 예외로 해도 좋다.

세 번째 원칙, 지인들에게 맛 평가 시식을 부탁하면 안 된다. 내가 느낄 때 충분히 훌륭한 맛이 나오기 전에는 시식을 시켜주면 안 된다. 사람들의 기억은 첫 입맛에 강한 기억이 남기 때문에 제대로 된 맛이 나오기 전에는 보여주면 안 된다. 또 맛을 보여준다고 해도 음식을 개발하는 데 아무런 도움이 되지 않는 경우가 대부분이다. 게다가 자칫 잘못하면 공짜로 먹는 것에 길들여질 수 있다. 그러므로 음식을 개발하는 본인과 가족 외에는 맛을 보여주지 않는 것을 원칙으로 하되 수료생인 경우 손우형순대대학으로 보내서 자문을 구하는 정도에서 개발을 하는 것이 적당할 것이다.

지인은 오픈 때 동원되는 고객이 아님을 꼭 명심하고 원칙을 지키면서 열정을 키워나간다면 좋은 결과가 있을 것이다.

비법 6 오픈멤버는 어떻게 구성이 되어야 하는가?

신장개업을 하게 되면 직원은 어느 정도 구해야 할 것인지에 대해서 항상 고민들을 한다. 가족부터 친척, 지인을 동원하기도 한다. 시간제 아르바이트생을 넉넉하게 구하기도 한다. 어떤 것이 정답일까? 정답을 찾아내는 방법은 간단하다. 어떤 것이 문제인가를 생각하면 된다.

신장개업을 하면 어느 정도의 광고를 하느냐에 따라 달라지겠지만 대부분 고객이 몰리게 되어 있다. 그렇다면 어떤 문제가 발생할까?

첫째, 대표의 지인들이 찾아와서 인사를 다녀야 하는 경우가 많다.

둘째, 대기업 프랜차이즈가 아닌 이상 모든 인원은 그곳의 시설이 익숙하지 않다. 손발이 충분하게 맞춰지지 않았기 때문에 음식제공 및 서비스 제공 속도가 더디다.

셋째, 예상보다 고객의 수가 많아서 재료가 중간에 떨어질 수 있다.

대표를 제외하고, 해당 음식점의 모든 음식을 조리할 수 있는 직원.

포인트는 해당 음식점의 모든 음식을 전부 직원이 만드는 것이 아니다. 핵심 재료는 대표가 직접 만들 수 있어야 한다. 예를 들면 순대 만드는 양념, 순댓국용 다대기 등은 대표가 직접 만들 수 있어야 하고, 혼자 알고 있어야 한다. 직원은 완성된 재료를 이용하여 단순 조리를 통하여 음식을 완성시킬 수 있도록 하면 된다. 하지만 이것도 미리 훈련을 시키지 않으면 할 수 없다.

대표를 제외하고, 홀을 완벽하게 컨트롤 할 수 있는 능력과 권한을 가진 직원.

아무리 숙련된 조리사라 할지라도 처음 다루는 주방은 서툴다. 신장개업을 하고 고객이 몰리게 되면 음식의 제공 속도는 늦어진다. 심한 경우 맛이 현저하게 떨어지는 경우도 있다. 직원을 미리 훈련시켜서 빠르게 움직일 수 있게 하는 것은 비현실적인 방법이다. 음식 제공 시간이 일정 이상 밀려 있으면 홀에서 고객을 더 이상 받지 않고 대기시켜야 한다. 테이블에 앉게 되면 시간이 30분 이상 걸린다고 말을 했음에도 불구하고 10분 이후부터 불만이 시작된다.

　마지막으로 '금일 준비한 재료가 모두 떨어졌습니다.'라는 게시물이 필요하다. 음식은 급하게 만들면 맛이 제대로 나오지 않는다. 못 먹고 간 고객은 다시 찾아오지만, 맛없게 먹은 고객은 찾아오지 않을뿐더러 남들도 오지 못하게 한다는 것을 명심해야 한다. 그리고 오늘 얼마를 준비해놨더라도 다 팔았다면 충분히 매상은 올라갔을 것이다. 그렇지 않은가?

# 비법 7 오픈광고는 언제 하는 것이 좋은가?

    광고는 오픈 후 얼마나 지나서 하는 것이 효과적일까? 1주일, 1개월, 2개월. 답은 정해져 있지 않다. 중요한 것은 시간이 아니다. 어떤 고객들이 오더라도 충분히 만족할 수 있는 음식과 서비스를 제공할 수 있는 능력과 그에 따른 매뉴얼이 존재하느냐가 중요하다.

    고객들에게 충분한 만족을 줄 수 있는 능력이란 다음과 같다. 가령 예를 들어서 갑자기 단체 손님이 몰려온다고 해보자. 이럴 때 아무리 많은 손님이 한 번에 온다고 하더라도 그 손님들 모두가 만족할 수 있는 양질의 음식과 서비스를 제공할 수 있어야 한다. 일정한 맛과 친절함을 잃지 않는 것은 기본이다.

    충분한 매뉴얼을 갖추고 있다는 것은 다음과 같다. 미리 준비해 둔 재료가 다 떨어진다면 어떻게 할 것인가, 혹은 객석이 부족한 상황이 온다면 어떻게 할 것인가. 이렇게 갑자기 문제가 발생

했을 때 그에 대처하는 매뉴얼이 준비가 되어 있어야만 오픈 광고를 할 준비가 된 것이다. - 객석이 부족한 경우, 재료가 떨어졌을 경우에 대처하는 매뉴얼에 대해서는 추후 강좌에서 다룬다.

신장개업을 하고 아직 오픈 광고도 하지 않았다면 위와 같은 상황은 그저 꿈같은 이야기로 느껴질 수 있다. 그렇지만 오픈광고의 파급력은 생각보다 매우 강하다. 대비가 충분히 세워진 다음에 광고를 해야 한다는 사실을 꼭 명심하자.

오픈 광고에 대한 강의를 하다보면 많이 받는 질문이 있다. 아직 오픈 광고를 하지 않은 상태에서 많은 단골이 확보된 경우, 이 상태에서 오픈 광고를 한다면 주인이 바뀐 줄 알고 기존의 고객들이 오지 않으면 어떻게 하느냐? 이 경우의 해법은 매우 간단하다. 이미 그 정도로 자리를 잡았다면 굳이 비용을 들여서 오픈 광고를 할 필요가 없다. 오픈 광고는 자신의 선택일 뿐 영업의 필수사항은 아니다. 이런 질문도 있을 수 있다. 만약 오픈 후 2개월이 지나서 오픈 광고를 한다면 사람들이 이상하게 여길 수 있지 않겠느냐고 걱정할 수 있다. 그렇지만 준비가 안 된 상태에서 오푼 광고를 하는 것보다 늦게 광고를 하는 것이 낫다. 자칫 잘못하면 오픈발은 기회가 아닌 낙인이 되어 한 순간에 3년 농사를 망칠 수 있다는 것을 명심해야 한다. 물론 비전문가들은 오픈 초기의 기회를 그냥 놓치면 안 된다고 열성적으로 연설을 할 것이지만 여러분은 그런 잘못된 의견에 뇌화부동해서는 안 된다는 사실을 명심하기 바란다.

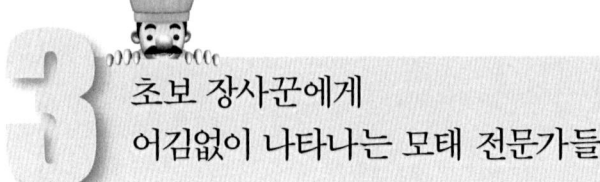

3 초보 장사꾼에게 어김없이 나타나는 모태 전문가들

음식점을 개업하게 되면 대부분의 경영자들이 겪는 공통적인 현상이 있다. 경영자가 초보인 것 같으면 어디선가 외식업 전문가들이 나타나서는 잔소리를 하게 되는 기현상 말이다. 여러분이 식당을 개업하면 어디선가 이런 사람들이 많이 나타날 것이다.

이들의 특징은 자신의 말을 잘 들어준다 싶으면 신이 나서 붙잡고 끝없이 잔소리를 하고는 한다. 그리고 자신의 말을 들어주지 않으면 온 동네에 나쁜 소문을 낼 것처럼 떠드는 것 또한 이런 사람들의 공통적인 특징이다. 이런 사람들을 대할 때 경영자는 이 말을 항상 명심해야 한다. 이 집의 주인은 나고 손님은 객이다.

여기서 중요한 사실은 바로 이것이다. 자신만의 확고한 원칙을 가지는 것이다. 처음에는 그들의 이야기를 그냥 흘려들으면 그만이다. 그렇지만 그렇게 무시해버렸던 이야기가 가장 생각나는 순간이 언제인지 아는가? 그건 바로 경영자가 가장 약해지는 순간이다. 매출이 들쑥날쑥 오르지 않을 때 이제 그들의 이야기가 머릿속을 가득 채우기 시작할 것이다. 시간이 지나면서 그들의 이야기는 점점 왜곡되면서 나만의 원칙을 잊어버리게 만든다. 상황이 이 정도가 되면 경영자는 왜곡된 정보로 인해 잘못된 판단을 내릴 수 있으니 주의해야 한다.

이런 상황이 일어나기 전에 꼭 미리 첨부된 양식으로 작성한 점검표를 확인하기 바란다. 그렇지 않으면 잠재적인 고객들뿐만 아니라 이미 확보한 당신의 팬들까지 떠나보내는 최악의 수를 두게 될 수도 있다.

비법 8 모태전문가들 3대 어록

모태 전문가들의 3대 어록은 다음과 같다.

첫 번째, 내가 요리사 출신인데 이렇게 만들면 안 되지.

두 번째, 내가 여기가 좋아서 하는 말인데 말이야!

세 번째, 이 음식 내가 좋아하는데 이렇게 하면 안 되지.

세상에는 정말 신비로운 일들이 많이 있다. 그 중 한 가지는 전국의 사람들이 마치 짜기라도 한 것처럼 한결같은 레퍼토리로 우리 요식업 경영자들에게 접근한다는 것이다. 이런 사람들이 많이 나타나는 시기는 식당을 막 오픈 했을 때다. 정신없이 바빠서 모든 임직원들이 분주하게 움직이고 있을 때 꼭 사장을 불러서 잔소리를 하고는 한다. 이렇게 말이다. "내가 요리사 출신인데 말이야. 이렇게 하면 안 되지. 여기에는 이것을 넣고 또 이 부분은 이렇게 만들어야 하는 거야."

하지만 알고 보면 그들은 요리의 '요'자와도 전혀 상관없는 업계에서 평생을 살아온 사람들인 경우가 부지기수다. 자신의 입맛에 맞지 않는 음식을 먹으면 하나같이 입을 모아서 말한다. 자신이 그 맛을 매우 좋아하고 잘 안다고. 그리고 이 음식은 잘못 만들었다고 말이다. "내가 매운 음식을 진짜 좋아하는데 이건 너무 매워서 못 먹겠다." "내가 단 음식을 즐겨먹는데 이건 너무 달다." "내가 평소에 짠 음식을 자주 먹는데 이건 너무 짜! 못 먹어!" 이런 경우 실제로 과할 정도로 맵거나 달거나 짜지 않은 경우가 대부분이다. 음식은 종류별로 매운맛이 강해야 하는 것이 있고 혹은 단맛이나 짠맛이 강해야 하는 경우가 있다. 경영자는 사업을 시작하기 전에 음식의 특징에 대해서 미리 완벽하게 파악하고 있어야 한다. 어떤 손님이 매운맛이 나야 제대로 매력을 살릴 수 있는 음식을 못 먹겠다고 하면 매운맛을 줄일게 아니라 그 손님에게는 다른 음식을 권해야 한다. 그 음식의 매력을 이해하지 못하는 일부의 고객 때문에 조용히 맛있게 먹는 다수의 고객을 떨쳐버리고 싶지 않다면 말이다.

다시 한 번 강조하지만 이런 말들은 평소에는 생각도 나지 않다가 매출이 부진하게 되면 떠오를 것이다. 경영자가 직접음식을 만들지 않더라도 사업을 시작하기 전에 자신의 식당에서 만드는 음식에 대해서 완벽하게 이해를 하고 있어야 한다. 그렇지 않다면 위기의 순간이 찾아오게 되면 흔들리게 될 것이고 경영자가 중심을 잡지 못하는 순간 악순환은 시작될 것이다.

비법 9 장사가 안 되면 나쁜 말만 기억에 남는다

- 흔들리기 시작하는 순간 악순환은 시작된다

요식업 경영자들이 조심해야 하는 순간은 언제일까? 장사가 너무 잘 될 때? 정답이다. 매출이 너무 떨어질 때는? 이때도 맞다. 그렇지만 가장 주의해야 하는 순간은 따로 있다. 그건 바로 운영비 절감을 위해서 인력 감축을 시작하는 시점이다. 인력을 감축하게 되면 대부분의 경영자는 오히려 쉬는 날도 줄인다. 인력이 줄면서 크고 작은 사소한 일들이 더 생기고 쉬는 날이 없어지면서 재충전조차 쉽지 않게 된다. 이쯤 되면 매출과는 상관없이 피로가 쌓여 하루하루 경영자의 얼굴에는 그늘이 가득하게 된다. 이럴 때야 말로 가장 조심해야 하는 시기이다.

바로 이런 시점에 맞춰서 어디선가 나타나는 그들이 있다. 요식업 전문가 3총사. 특히 "내가 이 집을 좋아해서 하는 말인데"와 "내가 이 음식을 좋아하는데 이렇게 만들면 안 되지"가 가장 힘을 얻는 시점이기도 하다. 아무리 듣지 않으려고 해도, 신경을 쓰지 않으려고 해도 의식을 할 수밖에 없을 것이다. 이 때 경영자가 흔들려서는 안 된다.

 이런 상황을 이겨내는 방법은 다음과 같다. 현재 매출이 부진한 이유를 냉철하게 판단하고 문제점과 해결방안을 문서로 작성해야 한다. 그리고 전체적인 그림을 다시 그려서 총 얼마의 비용이 필요한 것인지에 대해서 미리 생각을 해둬야 한다. 전체적인 밑그림 없이 무턱대고 생각나는 대로 하나씩 진행하다 보면 돈은 돈대로 들어가고 마음은 더욱 위축될 수밖에 없다. 이런 악순환이 시작되면 점점 더 위축되어 헤어날 수 없는 결과를 초래할 수 있게 된다.

비법 10 내 음식의 평가는 빈 뚝배기가 말해준다

내 음식이 입에 맞는지? 불편한 것은 없는지? 고객들에게 절대로 묻지 마라. '맛있어요?' 대신 '맛있죠!^^ 맛있게 드세요.'라고 말해라. 고객이 불만을 표현할 기회를 줘야 한다고 생각할 수 있지만 표현할 고객은 묻지 않아도 표현할 것이고 말하지 않는 고객은 물어도 좋았다고 답한 뒤 오지 않는다. 그렇다면 만족도를 어떻게 알 수 있을까? 답은 바로 고객이 먹고 간 빈 그릇을 보면 알 수 있다.

고객의 만족도는 처음부터 지속적으로 체크하는 것이 좋다. 기억력이 아무리 좋아도 절대로 기억으로 해서는 안 된다. 하루하루 표에 체크를 하는 것이다. 그것이 추후 영업이 부진할 때 나에게 큰 도움이 될 것이다. 만약 체크하지 않는다면 당신의 기억은 왜곡될 수 있다는 것을 명심해야 한다. 특히 왜곡된 기억은 매출 부진시 문제점을 진단하는 데 매우 악영향을 끼친다. 체크표는 손우형순대대학(http://cafe.naver.com/ssoondoo)에서 다운 받을 수 있다.

〈부록〉 음식도 만족도 체크표 - 남긴 음식 그릇수를 正으로 표시

　　　　　　　　　　　　　　　　　　　　　년　　　　　월

	메뉴명	메뉴명	메뉴명	메뉴명	메뉴명	메뉴명
1						
2						
3						
4						
5						
6						
7						
8						
9						
10						
11						
12						
13						
14						
15						
16						
17						
18						
19						
20						
21						
22						
23						
24						
25						
26						
27						
28						
29						
30						
31						

4 내가 이 집의 주인이고, 손님은 객이다

　흔히 손님이 왕이라고 하는 말을 많이 들어봤을 것이다. 최소 1억 원은 들여서 하는 나와 7,000원어치 먹으러 오는 고객 중 누가 왕일까? 당연히 이 집의 주인이 왕이다. 그리고 고객은 왕의 친구이다.

　고객을 대접하는 기준을 생각하는 방법은 간단하다. 내 아파트에 지인이 놀러왔다고 생각하고, 그 지인을 대접하는 선에서 기준을 잡으면 된다.

　음식점을 경영하다 보면 맛있게 음식만 먹고 가면 좋은데 말도 안 되는 다양한 요구조건을 들어달라는 고객들이 가끔씩 나타난다. 이런 경우 당황하거나 고객과 분쟁을 일으키는 경우가 종종 있다. 그럴 때는 당황하지 말고 이번 강의에 나온 대로 행동하면 된다.

비법 11 진상고객의 입소문을 두려워하지 마라

앞에서 한 번 나왔었지만 식당을 운영하다 보면 참 다양한 전문가들을 만나게 된다. 그리고 자신들의 잔소리를 받아주지 않거나 서비스를 주지 않는다거나 하면 안 좋은 입소문을 퍼뜨리겠다고 으름장을 놓는 경우가 많다. 사람이 자신의 일에 객관적으로 임하기는 힘들지만 그래도 자신이 판단할 때 객관적으로 잘못을 하지 않았다면 고객들의 무리한 요구를 들어줄 필요는 없다. 말도 안 되는 이유로 식당에 와서 무리한 요구를 하는 고객들은 유명한 양치기일 가능성이 높다. 이런 고객은 지속적으로 경영자를 피곤하게 하고 경영에 악영향을 끼칠 수 있기 때문에 깔끔하게 차단하는 것이 좋다. 단, 평소에 호탕하고 유쾌한 사람이 실수를 하는 것은 예외로 두고 경영자의 판단에 따라서 행동하면 된다.

양치기란 거짓말을 밥 먹듯이 하여 주변 사람들에게 폐를 끼치고 주변에서 좋아하지 않는 사람을 뜻한다. 즉, 이 사람이 퍼뜨리는 악소문은 식당 경영에 큰 영향을 끼치지 않으니 걱정하지 않아도 된다는 말이다.

비법 12 내 사업의 안전 도우미

내 사업을 하다보면 크고 작은 사고들이 발생할 수 있다. 이 사고라는 것이 미리 대비만 해놓으면 아무것도 아닌데 그 대비책이 없다면 매우 귀찮고 피곤한 일이 될 수도 있는 것들이다. 그 대비책이란 다음과 같다.

첫 번째 요식업협회! 식당을 하면서 발생하는 많은 문제점, 궁금증을 가장 가까운 곳에서 확실하게 도와줄 수 있는 곳은 요식업협회이다. 매달 회비를 내는 것이 아깝다고 생각할 수도 있지만 문제가 발생했을 때 요식업 협회는 지역 내에서 직접적인 도움을 다양한 형태로 받을 수 있다. 그러므로 꼭 가입을 해둬야 한다.

두 번째, 화재보험과 음식물배상책임보험 특약! 우리 식당 내에서 고객이 넘어져서 다치게 되면 그 책임은 우리에게 있다. 식당에서 화재가 났을 때 뿐 아니라 고객이 식당 내에서 보행 중 넘어져서 상해를 입는다거나 음식을 먹다가 잘못 씹어서 치아가 상하는 등 다양한 위험에서 우리를 보호해준다. 이 보험은 개인적으로 아는 설계사를 통하지 말고 꼭 요식업협회를 통해서 가입해야 한다. 요식업협회가 보험을 하는 것은 아니지만 이런 특수한 보험은 요식업협회에서 추천하는 설계사를 통해서 가입을 해야 문제가 생겼을 때 당황하지 않고 도움을 받을 수 있고 필요한 특약도 빠짐없이 들어간다. 보험 가입 후에는 해당 보험사의 콜센터에 전화해서 가입된 보험의 보장범위에 대해서 다시 한 번 점검해야 한다.

세 번째, 음성녹음까지 되는 CCTV! CCTV를 이용하여 영업장 내에 있지 않아도 확인할 수 있는 기능은 둘째치고 크고 작은 사고가 생겼을 때 완벽한 증인이 되어준다. 그리고 흔치 않은 경우인데 고객과의 분쟁이 생기면 절대로 직접 대응하지 말고 바로 112에 신고하여 경찰의 도움을 받도록 한다. 경찰에 신고했다고 이미지가 추락한다고 생각할 수 있지만 이후에 같은 일이 반복되는 것보다는 좋으며 경찰의 도움을 받는 것이 나쁜 행동은 아니다.

비법 13 경영자의 외모가 피곤에 찌들면 안 된다

우리가 하는 사업은 많은 사람들이 맛있는 음식을 기대하며 들어와 즐겁게 식사를 하고 행복한 미소를 지으며 나가게 하는 것이다. 하지만 경영자의 모습이 피곤에 찌들어 있다면 과연 그 음식을 먹는 사람들이 행복을 느낄 수 있을까? 또한 경영자가 피곤에 찌들어 있으면 3대 모태 전문가들이 빠른 속도로 증식한다.

어떻게 하면 이런 일을 막을 수 있을까?

첫 번째, 정기휴일을 정해서 충분한 휴식을 취한다.

두 번째, 직원을 충분히 확보하여 연중무휴로 영업을 하면서도 경영자 역시 충분히 휴식을 취한다.

정기휴일은 어떻게 정하는 것이 좋을까?

가장 흔히 하는 말은 이렇다. '자리가 잡힐 때까지 쉬지 않고 영업을 하다가 나중에 격주로 하루씩 쉬려고 해요.' 처음에는 휴일이 없다가 어느 날 갑자기 쉬는 날이 생기게 되면 여러 가지 문제점이 있다. 단골손님들이 연중무휴였던 기억으로 뛰어난 맛을 자랑하는 우리 식당에 손님들을 모시고 왔다가 낭패를 보게 될 수 있다. 그리고 어느 날 휴무일이 생기면 '이 집 돈 좀 벌었는가보네.'라며 발길을 돌리는 경우가 발생할 수 있다.

그렇다면 처음부터 격주로 정기휴일을 정하는 경우는 어떨까? 여러분은 여러분들이 가는 식당의 모든 정기휴일을 기억하고 있는가? 아마도 일부 단골 식당의 휴무요일을 기억하고 있는 정도일 것이다. 그 중에서도 몇 번째 요일에 쉬는 날인지 기억하고 있는가? 격주 휴무는 어차피 해당 요일에 전반적으로 매출이 하락하게 되어 있다.

정기휴일을 설정하는 요령은 다음과 같다.

처음부터 매주 쉬는 요일을 정해서 공지한다.

1년 365일 또는 명절만 제외하고 연중무휴로 한다.

경영자가 확실하게 휴식을 취하면서도 연중무휴로 운영이 가능하다면 더 이상 바랄 것은 없다. 하지만 그것이 안 된다면 휴무일을 정해서 처음부터 공지하는 것이 장기적으로 유리하다는 것을 꼭 알아야 한다.

Chapter 2
팔리는 음식을
만드는 비법

팔리는 음식이란 어떤 것일까?

건강에 좋은 음식? 맛있는 음식? 가격이 저렴한 음식?

모두 맞을 수도 있고, 모두 틀릴 수도 있다.

단순히 맛있는 음식을 잘 만들어서, 열심히 팔고자 한다면 성공하기 힘들다.

최고의 음식을 만드는 것은 기본이고, 그 이상의 가치를 제공할 수 있는 음식을 만들어야 한다. 2막에서 기억할 것은 이것이다.

'음식은 입으로만 먹고, 혀로만 느끼는 것이 아니다.'

중독성 있는 음식을 만드는 비법

 이 책은 마케팅에 관한 내용을 담은 책이기 때문에 맛을 내는 비법에 대해서는 자세히 다루지 않는다. 이번 장은 흔히 말하는 중독성 있는 맛이 무엇인가에 대해서 알아보겠다. 우리가 이미 알고 있지만 정확하게 인지하지 못하고 있었던 비밀을 알아가는 내용이 될 것이다.

까? 마법의 주문을 외우면 된다. "밥 볶아 드릴까요?"

먹다가 남긴 음식들은 모두 앞접시에 덜어내고 밥을 볶아주면 거의 다 비우게 된다. 그리고 덜어낸 음식은 시선에 들어오지 않고, 대부분 볶아놓은 밥을 다 먹은 뒤 누룽지까지 모두 긁어먹고, 빈 그릇을 보며 만족하게 된다.

기억할 포인트는 간단하다. 무조건 싹 비우게 한다.
박박 긁어먹은 그릇은 고객들의 잠재의식 속에서 만족으로 기억에 남게 되고, 추후 재방문을 하고 싶게 된다.

비법 17 전골을 맛있게 제공하는 비법

전골은 식사를 하는 내내 야채와 고기류를 육수에 계속 끓이면서 먹는 음식이다. 끓이면서 우러나온 야채가 육수에 우러나오면서 점차 더 맛있게 된다. 그러므로 야채가 많을수록 전골의 국물은 맛있어진다. 하지만 야채를 빨리 건져 먹지 않으면 야채는 뭉그러지거나 수분이 빠져나와 질겨진다. 야채가 식감이 떨어지는 형태가 되면 국물만 먹게 된다. 국물이 모자르니 국물만 추가를 하고 또 끓인다. 이것이 반복되면 전골은 점차 걸쭉한 죽 같은 형태가 되어서 맛없는 모양이 되어버린다.

육수를 추가할 때는 어떤 문제점이 있을까? 고객이 육수를 달라고 하면 단순히 국물만 주는 것보다 약간의 야채와 함께 주는 것이 더 보기에 좋다. 하지만 이미 전골은 죽이 되어가고 있다. 육수만 주자니 정이 없어 보이고, 야채를 더 주자니 전골은 이미 죽이 되어버렸다. 어떻게 해야 할까?

전골을 만들 때 제공할 야채가 모두 100이라면 처음에는 70을 제공한다. 그리고 육수를 추가할 때 야채를 10이나 15씩 함께 제공한다. 처음 전골을 제공할 때 덜 푸짐해 보인다. 하지만 신선한 야채를 건져서 먹게 되어 죽이 되는 것을 방지할 수 있다. 그리고 육수를 추가할 때마다 야채를 넉넉하게 주기 때문에 만족도도 높아진다.

이렇게 하고도 마지막 남은 것은 어떻게 해야 할까? 그렇다. 마법의 주문을 외우면 된다. "밥 볶아 드릴까요?"

비법 18 마실 것은 취향대로

음식은 만드는 사람에 따라서 맛이 많이 달라지지만 음료는 정확한 맛이 있고, 선호도가 명확하다. 그러므로 특정 상품을 구비하는 것이 중요하다. 하지만 마실 것을 제대로 구비하는 곳은 많지 않다. 그 이유는 음료 시장의 특성 때문이다.

- **음료**

음료의 양대 산맥은 코카콜라와 칠성사이다로 나눌 수 있다. 하지만 두 음료를 공급하는 회사가 각기 다르다.

공급사	콜라	사이다	기타
코카콜라	코카콜라	킨사이다	**환타파인애플**
칠성사이다	펩시콜라	**칠성사이다**	미린다파인애플

코카콜라에서는 코카콜라와 킨사이다, 환타파인애플을 공급한다.

칠성사이다에서는 펩시콜라와 칠성사이다, 미린다파인애플을 공급한다.

그래서 대부분의 식당은 코카콜라와 칠성사이다를 같이 두는 곳이 별로 없다. 조금 번거롭더라도 두 곳의 음료회사를 모두 거래하는 것이 좋다.

추천음료 : 코카콜라, 칠성사이다, 환타파인애플

음료수는 이렇게 세 가지만 갖추면 된다.

● **주류**

주류는 소주와 맥주는 한곳에서 거래할 수 있다. 그리고 막걸리는 국순당에서 구입하고, 지역에 따라서 또 한곳을 더 거래할 수 있다.

소주	맥주	막걸리
지역 유행 소주	카스	지역 막걸리
참이슬 오리지널 (빨간 뚜껑)		국순당 생막걸리

소주는 참이슬, 잎새주, 처음처럼, C1 등 지역 내에서 잘 팔리는 소주를 기본으로 비치하고, 참이슬 오리지널을 비치한다. 빨간 뚜껑이라고도 한다.

맥주는 카스를 기본으로 지역에 따라서 하이트나 맥스, 드라이 피니쉬를 비치한다.

막걸리는 지역 막걸리를 비치하고, 국순당 생막걸리를 비치한다. 지역 막걸리는 유통기한이 짧기 때문에 관리에 주의해야 한다.

음식의 정체성을 이해하면 만족도가 올라간다

음식에도 정체성이 있고, 음식을 좋아하는 대체적인 연령대가 있다.

각 음식의 특징을 정확하게 숙지하고, 좋아할 수 있는 계층에게 추천을 해줬을 때 만족도는 올라간다. 한 가지 동일한 음식을 먹는 사람에 따라서 맛을 바꾸는 것이 아니라, 먹는 사람에 따라 음식의 특성을 맞춰 추천하는 것이 만족도를 높이는 방법이다.

그리고 각 메뉴별로 대, 중, 소를 정하는 원리와 가격책정을 하는 공식을 알고 가격을 책정할 때 가격저항은 낮아지고, 만족도는 높아진다.

 비법 20 음식의 종류별 맛의 특징과 선호 연령대

- **달짝지근하고, 국물이 자작한 매콤한 요리**

이 형태에 가장 부합되는 것은 볶음류이다. 볶음은 객단가도 괜찮고, 인기도 많지만 자칫 호불호가 심하게 갈리기도 한다. 왜냐하면 볶음의 맛을 살리는 포인트는 단맛이기 때문이다. 추천 연령대는 20대 이하이다.

40대 이상이 볶음을 먹을 경우 음식이 달아서 싫다는 클레임이 들어올 수 있으니 주의해야 한다. 만약 단맛을 싫다면 볶음을 달지 않게 하는 것이 아니라, 전골을 만들면 된다.

- **칼칼하고, 매운 국물요리**

이 형태에 가장 부합되는 것은 전골류이다. 전골은 볶음류보다 객단가가 살짝 낮지만, 조리과정이 훨씬 간단하다. 전골은 40대 이상에서 매우 높은 만족도를 나타낸다.

비법 21 대·중·소가 있어야 하는 메뉴와 가격 책정 원리

음식점을 시작할 때 많이 고민하는 것이 대, 중, 소의 용량과 가격 책정기준이다. 어떤 곳은 중부터 시작을 하고, 어떤 곳은 중부터 시작해서 특대를 만들기도 한다. 어떤 방법을 해야 할까? 각 음식점에서 다양한 방법을 사용할 수 있으니 이곳에서는 기본 공식과 원리에 대해서 설명하겠다.

● 각 사이즈별 용량 기준

'대4인분', '중3인분', '소2인분'

대, 중, 소 사이즈는 위의 기준으로 생각하면 된다. 식당마다 중으로 시작을 하거나 특대가 있는 경우도 있는데 테이블은 최대 4인이기 때문에 특대라고 해도 5인분을 만들 필요는 없다. 기본적인 원리는 위와 같이 생각하고, 편의에 따라서 만들면 된다.

- **가격 책정 원리**

가격은 순댓국의 가격을 기준으로 잡고, 나머지 음식을 만들면 된다.

순댓국의 가격은 해당 동네의 준거가격에 따르도록 한다. 해당 동네에서 최저가격을 기준으로 하는 것이 아니라 동네에서 가장 많이 팔리는 가격을 기준으로 하면 된다. 예를 들어 동네의 순댓국이 7,000원인 곳이 가장 많은 경우를 예로 들어서 설명하겠다.

◀ 기본 순댓국　7,000원

◀ 특별한 순댓국 8,000원

　- 특별한 순댓국이란 막창순댓국, 암뽕국밥, 만두우동순댓국 등

◀ 전골 1인분　9,000원

◀ 볶음 1인분　10,000원

기준인원	할인	전골(1인분 9,000원)	볶음(1인분 10,000원)
대(4인)	2,000원	36,000원 - 2,000원 = 34,000원	40,000원 - 2,000원 = 38,000원
중(3인)	1,000원	27,000원 - 1,000원 = 26,000원	30,000원 - 1,000원 = 29,000원
소(2인)	0원	18,000원 -　　0원 = 18,000원	20,000원 -　　0원 = 20,000원

◀ 퀴즈: 5인의 고객이 주문을 하면 어떻게 해야 할까?

◀ 정답: 테이블은 4인 기준이므로 3인분인 중1개, 2인분인 소1개를 2개의 테이블에 제공한다.

• 대, 중, 소로 구분되는 메뉴와 단일 사이즈 메뉴

모든 메뉴에 대, 중, 소를 하려고 하니 메뉴판이 너무 복잡해진다. 그렇다고 모두 단일 사이즈로 하자면 객단가가 떨어질 것 같다. 기준은 간단하다.

'식사가 되느냐?', '식사가 되지 않느냐?'

전골은 밥과 함께 먹을 수 있는가? 그렇다. 대, 중, 소 세 가지 사이즈로 한다.
볶음은 밥과 함께 먹을 수 있는가? 그렇다. 대, 중, 소 세 가지 사이즈로 한다.
순대는 밥과 함께 먹을 수 있는가? 아니다. 단일 사이즈로 한다.
수육은 밥과 함께 먹을 수 있는가? 아니다. 단일 사이즈로 한다.

• 퀴즈: 4인 고객이 수육을 주문하려고 하는데 아무래도 양이 모자를 것 같다고 한다. 어떻게 해야 할까?

• 정답: 두개를 주문하거나, 다른 음식을 주문하라고 한다. 굳이 모든 음식을 하나의 식기에 담으려고 할 필요 없다. 게다가 일정 이상 양을 담으려고 하면 맛이 떨어지는 음식도 있다.

Chapter 3
잘 파는 식당을 만드는 비법

ssoondoo

고객들이 오는 집은 어떤 집일까? 단순히 맛있는 집에 고객들이 몰려올까?

전골과 찌개와 샤브샤브의 차이는 무엇이며, 그 이유는 무엇인가?

손님을 모시고 오게 되는 식당의 이유는 무엇인가?

우리가 상대하는 고객들은 대중인가? 미식가인가?

꼭 맛있는 음식만이 팔리는 음식인가?

그렇다면 맛있는 음식은 무엇이고, 팔리는 음식은 무엇인가?

우리 음식만의 특징은 무엇인가?

우리 음식만의 장점은 무엇인가?

누군가가 우리 음식점에 지인을 모시고 올 이유는 무엇인가?

우리 음식점을 한마디로 정의하면 무엇인가?

이번 장은 제목에서 말한 질문을 던지면서 시작하고자 한다. 스스로에게 질문을 던지고 답을 해 보기 바란다. 이 질문들에서 조금이라도 머뭇거렸다면 우리의 장점은 무엇인지, 우리가 가장 자신 있는 것은 무엇인지 고민해야 한다. 그리고 한 가지가 아니라 여러 가지의 대답이 나왔다면 한 가지만 남기고 정리를 하자. 현재 상권에 가장 적합하고 경영자와 가장 소통이 잘 되는 고객층이 원하는 음식 한 가지만 남기고 나머지를 정리하기를 추천한다. 단, 주변에 식당의 수가 매우 적은 지방이거나 특수한 상권인 경우는 예외로 한다.

장사가 잘 돼야 하는 이유가 있는가?

이제부터 엘리베이터 테스트를 시작하겠다.

3초 내로 고객이 당신의 식당에 돈을 지불하고 음식을 주문할 이유를 말하시오.

그리고 그 이유를 가지고 생면부지의 사람을 30초 내에 설득할 수 있다면 성공이다.

이것이 장사가 잘 돼야 하는 이유다.

이 말도 안 되는 예제는 바로 다음 장에 나와 있다. 정답을 보면 당연하다고 생각될 것이다. 다음 장을 보기 전에 미리 생각해 보는 것을 추천한다.

 **비법 22 사람들이 대박집에 가는 이유는 무엇인가?**

정답은 '대박집이기 때문'이다. 3초 내에 대답할 수 있고, 30초 내에 생면부지의 사람을 설득할 수 있는 충분히 납득이 가는 이유다. 사람들이 대박집에 가는 가장 큰 이유는 대박집이기 때문이다. 손님이 많고 눈으로 볼 때 장사가 잘 되기 때문에 가는 것이다. 그렇다면 대박집이 된 이유는 무엇일까? 대박집이 되는 이유는 여러 가지가 있을 것이다. 이미 10년 넘게 영업을 하면서 손님층을 두텁게 했다거나 인맥이 많아서 널리 널리 소문을 퍼뜨렸을 수도 있다. 혹은 맛이 매우 좋다거나 압도적인 규모로 만들었다거나(이것은 상권 선택을 잘못할 경우 소용없다) 여러 가지 이유가 있다. 하지만 많은 이유들 중에도 필수 요소는 고객들의 뇌리에 강하게 기억될 수 있는 강력한 음식이 있기 때문이다.

매운 닭발을 잘하는 집, 생김치가 너무 맛있는 집, 스끼다시가 끝내주는 집, 순댓국 국물이 얼큰한 집, 전골이 시원하고 칼칼한 집 등 여러분은 분명 이런 말을 들어봤을 것이다. 마케팅적인 요소도 매우 중요하지만 이렇듯 고객들의 뇌리 속에 '저 집은 무엇을 잘해'라는 각인 시킬 수 있는 요소가 필요하다는 것이다.

얼핏 보면 대박집은 사람들이 모든 메뉴를 좋아하는 것처럼 보이지만 대부분의 고객들은 그 집의 두 가지 특징을 최고라고 손꼽고 있을 것이다. 첫째! 고객이 많은 것으로 유명하다. 둘째! 다 잘하지만 특정 음식을 특별히 잘한다고 소문이 났을 것이다. 그 특정 음식은 대부분 순댓국이나 전골일 것이다. 간혹 순대도 잘한다고 하겠지만 주력은 저 두 가지가 대부분이다. 말하자면 이럴 것이다. '그 집은 모든 음식을 다 잘하지만 뭐니뭐니해도 그 집은 순댓국이 최고야.' 라고 말이다. 왜냐하면 순대를 직접 만드는 집은 많지가 않다. 그나마 얼마 없는 순대를 직접 만드는 집 중에서도 순대를 제대로 만들 수 있는 기술력을 가진 집은 많지가 않다. 그러므로 웬만하면 순댓국이나 전골 정도에서 잘한다는 소문이 나는 것이다.

대박집을 이기려면 어떻게 해야 할까? 동일한 음식으로 더 맛있게 하면 이길 수 있을까? 음식이라는 것은 지극히 주관적이기 때문에 동일한 음식을 대박집에서 먹을 때와 손님이 휑한 쪽박집에서 먹을 때 느끼는 맛의 차이는 매우 크다. 그러므로 동일한 음식으로 싸우게 되면 이길 수 없다고 봐야 한다. 그렇다면 어떻게 해야 할까? 우리는 동일 상권의 대박집이 1등을 하고 있지 않은 분야를 선택해서 그 분야의 1등으로 만들면 된다. 예를 들어 순댓국이 유명하다면 전골이나 순대로 포지셔닝하면 된다. 순댓국이 유명한 집을 꼭 순댓국으로 이기고 싶다면 우리만의 특징을 부여한 순댓국으로 승부를 걸면 된다. 그리고 기존의 대박집이 가지고 있지 못한 강력한 스토리를 함께 한다면 우리는 새로운 대박집이 될 수 있다.

비법 23 멀리서도 그 집을 찾아가는 이유

오늘은 비가 온다. 어디가 생각나는가? 부침개와 달콤한 막걸리 한잔이 간절하게 생각난다. 이런 음식하면 떠오르는 집이 각자 따로 있을 것이다.

오늘은 너무 스트레스가 심하다. 귀까지 벌게질 정도로 매워서 힘들지만 또 생각나는 그 집이 있다. 오늘같이 스트레스가 심한 날은 그 집이 딱이다.

이런 음식 하면 떠오르는 집이 있을 것이다.

오늘은 우울하다. 새콤달콤한 그것을 먹으면서 기분전환을 하고 싶다.

그렇다면 그 집에 가야겠다, 라고 생각나는 곳이 있을 것이다.

어떤 종류의 음식 하면 떠오르는 곳이 있고, 그곳은 거리가 멀리 떨어져 있다고 해도 찾아가게 된다. 이것이 바로 선택과 집중의 효과이다. 우리 식당은 무엇을 가장 잘할까? 이것도 잘하고

저것도 잘하는 것이 아니라 가장 장점으로 내세울 수 있는 한 가지를 찾아야 한다. 다 잘하는 집이 아니라 딱 한 가지를 주력으로 선택하면서 입소문은 시작된다.

멀리서도 그 집을 찾아가는 이유는?

'이 집은 무엇을 제일 잘 하나요?'라는 질문에 0.1초 만에 답할 수 있는 이 집만의 주력메뉴를 먹고 싶기 때문이다. 그렇다면 어떻게 추천 메뉴를 선택해야 할까?

비법 24 이 집은 무엇을 가장 잘하나요?

고객들은 묻는다. '이 집은 무엇을 제일 잘해요?'

만약 1초라도 머뭇거린다면 고객은 이렇게 말할 것이다.

'다 잘한다 그러지 뭐!' 이어서 '뭐가 제 일 맛있어요?'

그리고 이번에는 대답을 들을 필요도 없다는 듯이 말할 것이다.

'다 맛있다 그러지'

열 손가락 깨물어 안 아픈 손가락이 어디 있으며, 누구는 예쁘고 누구는 미우리. 하지만 경영자는 언제나 선택을 해야 한다. 포인트를 압축하면 할수록 고객들에게 강하게 각인시킬 수 있다. 그리고 선택된 그 한 가지를 전 직원에게 숙지시켜서 메뉴 추천 요청을 받으면 1초 내에 동일한 메뉴를 추천할 수 있도록 훈련시켜야 한다.

어떤 메뉴를 추천해야 할까?

1순위는 포장이 가능한 사이드메뉴이다. 순대전문점이라면 순대나 편육이 이에 해당한다. 그 이유가 무엇인지는 '테이블 객단가를 2만 1,000원에서 8만 4,000원으로 높이는 비법'에서 설명하겠다.

2 욕심을 버리면 고객이 기억한다

　오픈하면서부터 장사가 잘되는 집. 너무 소문이 나서 빨리 가지 않으면 먹을 수 없다고 소문이 난 맛집. 저번에 갔다가 못 먹어서 이번에는 꼭 먹겠다며 벼르며, 친구에게 소개해주는 집. 여러분의 주변에는 이런 곳이 꼭 한둘은 있을 것이다. 단순히 운이 좋아서 이렇게 되었다고 생각하는가? 매우 어려운 일이지만 처음부터 욕심을 버린다면 가능하다. 욕심을 버릴 수 있는 분만 다음 강좌를 열어 보기 바란다.

비법 26 빨리 안 가면 못 먹는 맛집

동네에 작은 식당이 새로 열었다. 돼지감자로 하는 순대집이라고 가게 밖에 붙어 있는데 오픈이벤트도 하지 않고 조용히 문을 열었다. 호기심에 한번 쳐다봤지만 이내 관심을 끄고 그곳을 지나쳐서 지나갔다. 한 달쯤 지났을까? 오픈이라며 풍선 아치가 있고 손님이 북적거린다. 이제야 오픈이벤트를 하는 것 같다. 특이한 집이다.

스트레스 받는 일이 생겨서 스트레스를 풀기 위해 오랜만에 친구들이 모였다. 그 중 한 녀석이 매운맛이 기가 막히는 맛있는 순대집을 안다며 가자고 한다. 하지만 빨리 가지 않으면 언제 재료가 다 떨어져서 못 먹을지 모른다며 일찍 가자고 한다. 저번에도 못 먹고 와서 이번에는 꼭 먹겠다며 벼르고 있다고 한다. 기어이 나를 끌고 간 친구는 드디어 주문에 성공했다. 음식이 나오고 한참 맛있게 먹고 있는데 뒤에 들어온 손님과 주인의 대화 소리가 들린다. '철판순대볶음 되죠?', '죄송해서 어쩌죠.^^ 오늘 준비한 재료가 다 떨어졌습니다.', '오늘은 먹고 싶었는데…' 이런 대화가 들리니 나는 승리자가 된 듯한 기분이 들었다. 매우 만족스럽게 먹고 나의 카카오스토리에 오늘의 이야기를 자랑스럽게 올렸다.

어떻게 하면 이런 대박집이 될 수 있을까? 식당을 개업하면 모든 것이 익숙해지기 전까지는 절대로 대대적인 광고를 하면 안 된다. 그리고 익숙해지면 오픈광고를 한다. 항상 지나다니는 길목은 무심코 지나가는 경우가 많기 때문에 새로운 곳이 오픈을 했어도 인식하지 못하고 지나치는 경우도 많다. 유동인구는 모두 우리를 알고 있을 것이라고 걱정하지 않아도 된다. 오픈이벤트를 하면 일시적으로 손님이 몰리는 이른바 오픈발 효과를 경험하게 된다. 시간이 지나면 자연스럽게 오픈발에 의해 몰리는 고객의 수가 줄어드는데 그렇기 되기 전에 미리 빨리 가지 않으면 먹을 수 없는 맛집으로 만드는 것이다. 고객이 몰리는 순간부터 전략적으로 마감을 짓는 것이다. 그리고 '금일 준비한 재료가 다 떨어져서 영업을 종료합니다.'라는 미리 준비된 푯말을 밖에 걸어두는 것이다.

◀ 자리가 없어도 테이블을 늘리지 말 것

◀ 재료가 떨어지면 고객을 기다리게 한 뒤 급하게 만들지 말 것

◀ 자신들만을 위해서 영업시간을 늘려 달라고 해도 절대로 예외를 두지 말 것

당장의 수익이 눈앞에 보여서 흔들릴 수 있지만 언제까지나 전략적으로 행동하지 않으면 오픈발은 빠르게 사라진다는 것을 꼭 명심해야 한다.

비법 27 가격 대비 괜찮은 집 vs 가치가 있는 맛집

식당마다 각자의 상황이 있기 때문에 '이곳에서 가격을 어떻게 하는 것이 원칙'이 라고 말할 수는 없다. 하지만 한 가지 확실한 것은 싼 가격에 의해서 오는 고객들의 충성도는 높지 않다는 것이다. 그리고 저가격 정책으로 잡은 고객들은 음식의 가격이 오르면 바로 이탈하는 경우가 대부분이다. 내 음식이 팔릴 수 있는 특징을 부여하고 그것을 모두 아우르는 스토리를 만들어서 최소한 남들보다 같은 가격이나 그 이상의 값을 받는다면 가격에 의한 저항은 크지 않다.

'남들보다 싸게, 남들보다 많이'라는 저가격 정책으로 시작하면 그 외의 부분에서 성공할 가능성은 거의 없다. 저가를 원하는 고객들은 다른 곳이 더 저렴한 곳이 생기면 이탈하는 확률이 높다. 또 저가메이커는 아무리 품질이 좋아도 가격 대비 괜찮은 것 일뿐이다. 가격이 오르면 이렇게 말하며 이탈한다. '그 값이면 ㅁㅁ(올린 가격대에 맞는 다른 식당)에서 먹지. 여기서 왜먹어?'

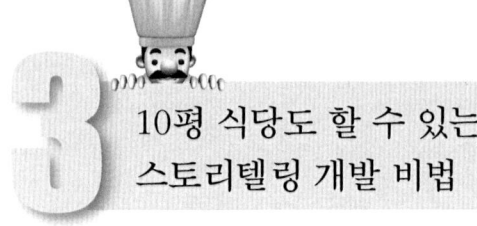

3. 10평 식당도 할 수 있는 스토리텔링 개발 비법

스토리텔링은 거대한 기업에서만 하는 것일까? 특별히 문학적인 소질이 있는 사람만 할 수 있는 것일까? 어렵게 생각하면 한없이 어렵지만 간단하게 한마디로 말하면 이렇다. '우리 식당에 오고 싶어지는 이유'

성공하는 식당이 되기 위해서 필수 요소이니까 꼭 집중하고 따라오기 바란다. 스토리텔링을 성공적으로 그려내고 스토리에 맞는 맛을 중독성 있게 만들어낸다면 성공에 가까워졌다고 해도 과언이 아니다. 이해가 쉽지 않을 수 있고 뜬구름 잡는 소리라고 생각할 수도 있다. 그렇지만 스토리와 맛은 가장 중요한 요소임에 틀림없다. 다시 강조하지만 이것을 이해한다면 성공에 매우 가깝게 다가섰다고 할 수 있다.

비법 28 누구나 할 수 있는 스토리를 쓰는 방법

'119 돼지감자 수제순대'라는 식당이 있다. 그곳은 사람들이 지나가는 길에서 보이는 유리부스에서 순대를 직접 만들고 있고 옆에 순대 테이크아웃 부스가 있다. 식당 내에 들어가면 돼지감자를 진열하고 판매하는 것이 가장 먼저 눈에 띈다. 그 아래는 돼지감자로 만든 따뜻한 차가 준비되어 있다. 돼지감자가 뭔데 저렇게 말하는 것일까? 식당에 들어와서 자리를 잡고 앉으니 얼음이 가득 담겨 있는 물병을 건네준다. 시원하게 한잔 마셨다. 그런데 물맛이 독특하니 괜찮다. 물병을 보니 돼지감자로 끓인 것이라고 쓰여 있다.

음식을 주문하기 전에 둘러보니 여기저기 사람들의 얼굴이 귀까지 벌겋게 달아올라 있다. 대부분 순대볶음을 먹고 있다. 벽을 보니 크게 별도로 붙어 있는 '119 돼지감자 순대철판볶음'인 것 같다. 우리는 철판볶음을 메인으로 먹기 위해 주문하면서, 앞에서 만들고 있는 순대도 한 접시 주문했다. 직접 순대를 만들고 있으니 먹어보고 싶어졌기 때문이다.

순대와 감자를 같이 주는데 뭔가 특별하다. 같이 온 일행이 돼지감자가 좋은 것이라며 뭐라고 설명을 하는데 순대를 먹느라고 잘 못 들었다. 하지만 몸에 좋다고 하니 더 먹어야겠다. 이윽고 주문한 철판볶음이 나왔다. 특이하게도 이번에도 감자가 들어 있다. 그리고 별로 매워 보이지 않기에 한 젓가락 덥석 집어 먹었다. 맵지 않다. 3초, 2초, 1초... 으~ 매운맛이 올라온다. 스트레스가 확 날아가는 맛이다. 정신없이 먹다가 슬슬 배가 불러오고 있는데 점원이 나타나 우리에게 '밥 볶아 드릴까요?'라는 질문을 한다. 당연히 비벼 먹는 것을 선택한다. 계란 넣고, 당근 넣고, 깍두기 썰어 넣고 김가루 넣고 착착착 비벼서 참기름을 마지막에 둘러주는데 배부른 것도 잊고 우리는 모두 깔끔하게 싹 비워냈다. 만족스럽게 먹고 돼지감자로 된 차를 한잔 마시는데 돼지감자를 판매하는 것이 다시 눈에 띈다. 이게 몸에 좋다고 하니 집에 있는 부모님께 사다드리고 싶어져서 순대 한 접시를 포장해서 나왔다.

어떤 스토리를 만들어야 할지는 어렵게 생각할 필요 없다. 여태까지 공부하면서 나온 질문들을 쭈욱 적어서 글로 만들어 보면 된다. 한 번에 완성시키려고 하지 말고 될 때까지 계속 반복하면 멋진 스토리가 나올 것이다. 만드는 과정이 지겨울 수는 있지만 10번이고 100번이고 완성될 때까지 반복해서 멋진 이야기가 나오면 성공은 당신의 것이다.

비법 29 돈 들이지 않고 콘셉트의 가능성을 테스트 하는 방법

콘셉트의 가능성을 테스트 하는 방법은 간단하다. 주변의 지인에게 시치미를 뚝 떼고 내가 만든 스토리를 읊어주는 것이다. 이야기가 끝나고 묻지 않아도 상대방이 가고 싶다고 하면 성공이다. 가고 싶냐고 했을 때 상대방이 그렇다고 대답하면 조금 더 다듬어야 한다. 반응이 시큰둥하면 실패다.

이 테스트는 내가 들어가고자 하는 상권에 주로 포진되어 있는 고객층, 경영자인 내가 가장 소통이 잘되는 고객층에게 해야 한다. 자신의 주변에 있는 아무에게나 하면 원하는 결과를 도출할 수 없다. 사전지식 없이 들어도 관심을 갖고 재미있어 하면 그 스토리는 일단 성공적인 것이다.

4 상호 정하기

정말 어려운 일이다. 상호는 어떻게 해야 할까?

상호가 잘못되면 사람들이 부르기 너무 어렵지 않을까? 너무 길어서 어렵지 않을까? 많은 분들이 밤잠을 설치며 상호를 정한다. 하지만 많은 사람들은 짓궂게도 그 상호를 그대로 부르지 않는 경우가 많다. 중요한 것은 내가 보여주고 싶은 것이 무엇이고, 그것이 우리의 고객들에게 어필할 수 있느냐이다.

비법 30 어떤 것을 내세워야 하는가?

이곳에서 내세우는 것이 우리 음식점의 간판스타가 되는 것이고, 상호 대신 불릴 수 있는 애칭이 될 수 있는 것이다. 어떤 것을 내세워야 우리의 사업을 성공적으로 이끌 수 있을까? 이것을 하기 전에 연습장을 준비하고 따라오면 훨씬 쉽게 할 수 있다.

첫 번째, 사소한 것이라도 남들보다 잘할 수 있는 강점을 생각하여 모두 기술한다. 예를 들어 '순대를 직접 만든다', '국물이 얼큰하다' 등이 있다.

두 번째, 지역 내에 선도자가 없는 것으로 한다. 선도자가 있다면 추려낸다.

세 번째, 앞에서 배운 콘셉트 테스트를 하여 통과하는 것으로 추려낸다.

네 번째, 테이크아웃 및 간식류가 되는 것이 있다면 그것을 1순위로 한다.

테이크아웃 및 간식류가 메인이 되어야 객단가가 높아질 수 있다. 자세한 이유는 앞으로 진행될 강좌에 나와 있다.

비법 31 내비게이션 검색에 유리한 상호 짓기

상호는 남들이 우리를 부를 수 있는 이름을 뜻하는 것이다.

상호는 114 안내를 받을 때 우리를 나타내는 호칭이다.

상호는 내비게이션에 우리를 검색할 때 찾을 수 있게 하는 호칭이다.

내걸고 싶은 상호와 우리가 내세우고 싶은 것은 일치하지 않을 수 있다. 예를 들어 돼지감자를 특화시킨 매운맛의 순대를 직접 만드는 집이라는 것을 내세우고 싶다. 하지만 브랜드는 짧고 명료하게 119수제순대로 하고 싶다. 어떻게 해야 할까?

사업자등록증상에는 매운맛 119 돼지감자 수제순대로 한다.

간판에는 119 수제순대를 강조하고, 매운맛, 돼지감자는 작은 글씨로 수식어 같은 느낌으로 표기한다.

간판에 모든 키워드를 넣었을 때 어떤 효과가 있을까?

114안내, 네이버 지역검색, 내비게이션 모두 특정 키워드를 검색해서 찾을 수 있도록 되어 있다. 예를 들어 '매운맛 내는 직접 만드는 순대가 있다고 하는데 어딘지 알 수 있을까?' 내비게이션에 '매운맛', '순대'를 검색하게 되면 119 매운맛 돼지감자 수제순대가 검색되어 나온다. 지역 사람들은 눈에 잘 보이는 119 수제순대라고 부르게 될 것이고, 찾아오는 사람들은 간단한 특징을 검색해서 찾을 수 있게 되는 것이다.

수익률을 획기적으로 높이는 방법

'하루에 몇 그릇 팔아요?'

이 말은 필자가 가장 싫어하는 질문이다.

'하루에 300그릇 팔아요.'

한 그릇에 7,000원이니까 210만 원 매출이고, 30일이면 6,300만 원이다.

6,300만 원이면 어쩌고저쩌고 계산계산….

궁극적인 궁금증은 하루 몇 그릇 판매가 아니라 얼마의 순수익이 남느냐이다. 훨씬 적은 매출이라도 똑같은 순수익을 남길 수도 있고, 똑같은 상권에서도 더 많은 수익을 남길 수 있다. 이제부터 그 방법에 대해서 배워보도록 하겠다.

비법 32 테이블 객단가를 2만 1,000원에서 8만 4,000원으로 높이는 비법

우리 집에서 가장 맛있는 음식이 무엇일까? 다 맛있어서 한 가지만 고른다는 것은 쉽지 않을 것이다. 하지만 이 책의 앞에서부터 함께 오면서 어느 정도 윤곽이 잡혔을 것이다. 이제부터는 특정 메뉴를 추천함에 따라 테이블 객단가가 어떻게 달라지는지 알아보도록 하겠다.

- 3명의 고객이 방문하여 '이 집은 무엇을 제일 잘해요?'라며 메뉴 추천을 요청한다.

  ◀ 직원은 대답한다. '순댓국을 제일 잘합니다.'

  ◀ 그러면 순댓국 세 그릇 주세요. 2만 1,000원

- 3명의 고객이 방문하여 '이 집은 무엇을 제일 잘해요?'라며 메뉴 추천을 요청한다.

  ◀ 직원은 대답한다. '막창아바이피순대를 제일 잘합니다.'

비법 33 한정판매의 매력과 기능

 맛있게 만들 수 있는 음식을 맛없게 만드는 방법이 무엇인지 아는가?

 그것도 아주 맛없는 것이 아니고, 그럭저럭 비슷한 맛인데 매력 없는 맛을 만드는 방법 말이다. 그 방법은 바로 급하게 만드는 것이다.

 이제부터 퀴즈를 내겠다. 여러분의 음식점이 생각보다 장사가 잘되어서 재료가 떨어졌다. 하필 이때 고객들이 더 와서 떨어진 음식을 주문한다면 어떻게 하겠는가?

① 재료가 떨어졌다고 기다리라고 한 뒤 급하게 만든다.

② 평소보다 10분 정도 오래 걸리면 만들 수 있으므로 빠르게 만든다.

③ 평소보다 많이 준비했지만 재료가 다 떨어졌다며 돌려보낸다.

대부분은 ①이나 ②를 선택할 것이다. 그 이유는 대부분 내 음식점에 내 음식을 먹으러 온 고객님들을 돌려보낼 수 없다는 이유일 것이다. 하지만 오래 기다려서 나오는 음식이 생각보다 맛이 떨어진다. 또는 평소보다 맛이 떨어진다면 어떻게 할까? 결과는 뻔하다.

반면 ③을 선택한다면 어떻게 될까?

음식이 떨어졌다고 다시는 안 온다고 할까? 겉으로는 불쾌감을 표시하는 사람이 있을 수 있다. 하지만 절대로 나쁜 소문을 퍼뜨릴 수 없다. 얼마나 맛있으면 재료가 다 떨어졌겠는가? 그것도 그 집에서 최선을 다해서 준비한 재료만 판매한다는데 믿음이 가지 않겠는가? 한정판매의 기능은 최상의 재료를 준비할 수 있도록 하는 기능을 하기도 하며, 빨리 가지 않으면 먹을 수 없는 최고의 매력적인 맛집으로 만들어준다.

그러므로 재료가 떨어졌다고 급하게 만들 것이 아니라 돌려보내야 한다.

항상 최상의 맛을 유지할 수 있는 만큼 만들고, 더 이상은 판매하지 않아야 한다.

결코 쉬운 일은 아니다. 하지만 이것을 해내고, 꾸준히 유지할 수 있다면 대단히 놀라운 결과를 가지고 올 수 있을 것이다.

비법 34 순수익률을 높이는 가격 책정 전략

일반적으로 가격을 어떻게 책정하는가?

대부분 다음과 같은 공식을 이용할 것이다.

일반적인 판매가 계산 공식
원가 x 3 = 판매가
3,000원 x 3 = 9,000원

단순히 원가에 3을 곱하면 판매가가 된다면 고객들이 납득할 수 있을까? 어떤 음식은 가격에 비해서 매우 괜찮다고 생각할 것이고, 어떤 음식은 터무니없다고 생각할 것이다. 돈을 지불하는 것은 고객이다. 그러므로 고객이 기꺼이 지불할 만한 상품을 만들고, 가격을 책정해야 한다.

고객이 납득하는 판매가 계산 공식
척 보고 충분히 지불할 의사가 있는 값이 얼마인가? 1만 5,000원
원가는 얼마인가? 5,000원
그렇다면 수익은 얼마인가? 1만 원
수익이 충분하니 판매한다.

'내가 고객의 입장이 되어서 얼마 정도의 가격을 지불할 수 있을까?'라는 것에 대해서 생각을 하고 그것을 원가에서 제한다. 그리고도 충분히 마진이 남는다면 판매를 한다. 마진이 충분하지 않다면 판매하지 않는다.

같은 재료이지만 데커레이션에 따라 가격을 다르게 책정하고 싶어지지 않는가?

원가는 적어도 더 받을 수 있는 음식을 개발하면 순수익률은 올라간다.

비법 35 불필요하게 지출되고 있는 비용 한 달 약 70만 원

흔히 대부분의 음식점에서 불필요하게 소모되고 있는 비용이 있다.

그것은 바로 온수 사용료와 커피값이다.

• 온수

대부분 온수 꼭지는 냉수와 온수가 원터치로 되어 있는 것을 많이 사용한다. 꼭 필요할 때만 온수를 사용하면 되는데 대부분 미지근한 물을 사용한다. 별것 아닌 것처럼 보이지만 온수로 사용되는 금액만 매월 몇 십만 원이 지출된다.

냉, 온수 꼭지는 꼭 따로 되어 있는 것으로 설치하는 것을 권장한다. 수도꼭지를 분리하는 것만으로 몇십만 원의 놀라운 개선 효과를 보게 될 것이다.

- **서비스 커피**

음식점에서 사용하는 미니자판기는 대부분 임대를 사용한다. 커피업자에게 커피를 공급 받으면 미니커피자판기를 무상으로 임대해주고, 고장 나면 수리도 무상으로 해준다. 얼핏 보면 매우 좋은 것 같지만 문제는 커피의 가격에 있다. 커피를 직접 구입하는 것보다 꽤 비싸게 받는 것이다. 커피를 저렴하게 몇 박스만 구입하면 차액으로 미니 자판기를 구입할 수 있다. 커피 자판기가 고장이 나면 아예 버리고 새로 사더라도 임대하는 것보다 훨씬 저렴한 것이다. 커피는 인터넷으로 구입하면 저렴하고, 좋은 것을 구입할 수 있다.

> **Tip.** 미니자판기는 흔히 물통을 위에 얹어서 사용을 한다. 이것을 미니자판기용 직수연결세트를 구입하여 설치하면 물통이 필요 없이 사용할 수 있다. 이끼 걱정도 덜 수 있으며, 훨씬 편리하게 관리할 수 있다. 직수연결세트를 구입하여 설치한 뒤 정수기관리업체에 설치해달라고 하면 된다.

Chapter 4

자존심을 버리는 것이
서비스가 아니다.
고객의 불편함을 이해하면
그것이 서비스다

서비스는 자존심을 버리고 고개를 숙이는 것이라고 생각하는 경우가 많다. 실제로 그런 경우도 있다. 하지만 대중을 상대로 음식을 파는 사업을 하는 우리는 그렇게 부담스럽게 할 필요가 없다. 자존심을 버리고 고개를 숙이는 대신 고객의 불편함을 이해하고 해결해주는 것으로도 충분한 서비스를 제공하는 것이다. 서비스를 제공하는 사람도 편하고 받는 사람도 행복할 수 있는 방법에 대해서 강의를 시작한다.

서비스 강의를 시작하기에 앞서 더욱 중요한 맛과 우리 집에 와야 하는 특별한 스토리가 없다면 아무런 소용이 없다는 것을 미리 인지하고 강좌를 따라오기 바란다.

고객에게 말 한마디 더 건네는 것이 서비스가 아니다

처음 강의를 시작하면 이런 말을 하는 사람들이 있다. '저는 성격이 내성적이라서 손님들한테 말을 잘 못 걸어요. 한마디라도 더 건네야 할 텐데…' 혹은 '서비스는 자존심을 버리는 것이라고 들었습니다. 저는 이미 자존심을 다 버렸기 때문에 괜찮습니다.' 우리는 대중을 상대로 음식을 판매하는 사업을 하고 있다. 우리가 하는 일은 자존심을 버리고 굽실거릴 필요가 없다는 것을 명심해야 한다. 오해의 소지가 있어서 정리하자면 고급음식점이라고 굽신거려야 한다는 것은 아니다. 혹은 손님들에게 거만하게 대하라는 의미도 아니다. 다만 필자가 전문적으로 하고 있는 분야에서 굳이 손님들에게 굽실거릴 필요는 없다는 것을 말한다.

# 비법 36 친절한 직원이 위협이 되는 이유

　대표 이하 전 직원이 철저한 서비스 정신으로 무장할 수 있는 가? 그리고 직원이 바뀌더라도 늘 그 정도의 수준을 유지할 수 있는가? 그렇지 않고 특정 직원만 친절하다면 그것은 오히려 위협이 될 수 있다. 왜냐하면 그 식당의 특징이 음식이 아닌 그 사람에게 집중된다. 처음에는 음식 때문에 가게 되더라도 특정인(대표 또는 직원)의 팬이 되면 그 사람의 영향을 받아서 매출이 좌지우지 될 수 있다. 경우에 따라서는 특정 직원이 이직을 하게 되면 손님들 역시 따라 옮기는 경우도 있다. 또 다른 경우는 특히 경영자가 고객들과 두터운 인맥을 형성하고 있는 경우인데 그 사람이 식당에 있느냐 없느냐에 따라서 매출이 달라지는 경우도 매우 많다.

　특정한 사람에 의한 서비스 품질 개선은 매우 어렵다. 처음부터 누구나 그렇게 될 수도 없고 훈련을 통해서 습득하기도 쉽지만은 않다. 그러므로 사람에 의한 서비스 품질을 올리려고 하지 말고 시스템 자체가 친절할 수 있는 방법을 도입하는 것이 매우 현명한 방법이다. 다음 회에서 사람이 아닌 시스템이 친절한 방법에 대해서 다루도록 하겠다.

 비법 37 친절한 직원이 없어도, 서비스를 만족하게 만드는 비법

식당에서 제공하는 서비스는 다음 정도면 충분하다.

① 인사를 잘 하자

사람이 들어오면 인사를 하고 맛있게 먹고 나갈 때 인사를 하는 것이 중요하다. 고객이 아닌 사람이라고 표현한 이유는 사람과 사람사이의 가장 기본적인 것이기 때문이다. 90도로 하는 배꼽인사가 아니라 만나서 반갑다, 맛있게 먹고 기분 좋게 돌아가라는 인사를 하라는 것이다. 때로는 인사가 어색해서 주고받지 못하는 고객들도 있지만 이런 기본적인 인간관계만으로도 상당히 좋은 느낌을 받는다.

② 음식 고를 시간을 줘라

고객이 자리를 잡고 앉으면 바로 물을 갖다 주고 그대로 서서 이렇게 말한다. '무엇을 드릴까요?' 방금 와서 이제 앉았는데 고를 시간은 줘야 하지 않을까 생각한다. 너무나 많은 곳에서 메뉴판이 어디 있는지 찾기도 전에 주문부터 받고자 한다. 물 갖다 주고 다시 한 번 오는 것이 귀찮은 것은 알지만 그래도 고를 시간은 주는 것이 어떨지?^^

③ 좌식테이블의 경우만 눈높이를 살짝 낮춰서 주문을 받자

대표적으로 유명 프랜차이즈 피자집인 미스터피자와 피자헛의 경우 주문을 받을 때 앉아서 주문을 받는다. 이유는 고객과의 눈높이를 맞춰서 고객이 올려다보지 않고 편하게 주문을 할 수 있도록 하기 위한 것이다. 사실 그렇게 하면 고객이 주문하기가 편한 것은 사실이지만 우리가 그렇게까지 하기는 여러 가지로 어려운 문제가 많다. 필자가 원하는 것은 '좌식테이블의 경우에만 약간만 높이를 낮춰서 주문을 받자고 하는 것'이다. 사실 좌식에서 서서 주문을 받게 되면 위로 올려다보는 고객이나 주문을 받는 종업원이나 사뭇 어색하고 불편해진다. 좌식은 입식처럼 바닥이 더럽지도 않기 때문에 앉아서 주문 받는 것이 부담스럽지는 않다.

서비스에 대해서 한마디로 짧게 정리하면 이렇다. 인사는 말로 잘하는 정도로 해도 괜찮다. 정중하게 허리를 깊이 굽혀 인사를 하기보다는 주문할 때 음식 고를 시간을 주어야 한다는 것이다. 거듭 말하지만 손님 앞에 서서 음식 고를 시간도 없이 빨리 주문하라고 재촉하지 말라는 것이다. 이것으로 식당에서 제공하는 서비스는 충분하다.

 비법 38 신뢰를 만들어라

개인이 하는 사업체와 대형 기업체에서 운영하는 기업체의 차이점이 무엇일까? 많은 차이점이 있겠지만 가장 눈에 띄는 것은 유니폼을 착용하고 자신의 이름을 걸고 한다는 것이다. 자신의 옷에 명찰을 다는 것뿐 아니라 관리가 필요한 것에는 책임자를 명시하고 있다. 아래의 것들은 소규모 사업장에서는 힘들 것 같다고 생각할 수 있지만 어렵지 않은 것들로 구성되어 있으니 실제로 적용해 보면 어렵지 않다.

① 유니폼

유니폼은 크게 홀과 주방으로 구분할 수 있다. 직원이 많을 경우 홀과 주방을 구분하면 더 신뢰감을 줄 수 있고 직원의 수가 적을 경우 차라리 통일하는 것이 좋다. 왜냐하면 유니폼은 여러 명이 입었을 때 그 진가를 발휘하기 때문이다. 흔히 유니폼이라고 하면 〈음식과 사람〉 같은 잡지에 나와 있는 식당 전용 옷을 많이 떠올린다. 그것이 아니라 동일한 옷을 동일한 규격에 맞춰서

이다. 물론 추가 요금을 내지 않고 많이 달라고만 하는 경우는 분명히 존재한다. 이런 경우 대처는 각 경영자의 판단에 맡긴다.

Chapter 5
광고, 홍보, 입소문

ssoondoo

수많은 고객이 몰려와도 완벽한 음식을 내놓고, 감동적인 서비스를 제공할 준비가 되었는가? 여태까지 우리가 한 것은 내방한 고객의 만족도를 올리는 것을 중심으로 배웠다.

내방한 고객이 만족스럽게 음식을 먹고, 다른 고객과 함께 재방문을 하거나 입소문을 낼 수 있을 정도의 준비가 되었는가? 이 질문에 그렇다고 대답을 할 수 있을 정도로 기초체력을 강화시킨 뒤 본격적인 광고, 홍보 작업에 착수하기 바란다.

충분히 준비가 되지 않은 상태에서 나를 알리는 요행만을 부린다면 그것은 재앙이 될 수 있다는 것을 꼭 명심해야 한다.

1 광고, 홍보! 어떻게 해야 하나?

요즘 우리는 광고의 홍수 속에 살고 있다. 나를 어떻게 알리면 좋을까? 맛있는 음식 사진을 큼지막하게 찍어서 전단지를 많이 돌리면 될까? 한 번으로 안 되면 두 번 돌리면 될까? 어떻게 나를 알리는 것이 좋은지 그 방법에 대해서 알아보도록 하겠다.

비법 41 소셜에 프로필 카드 올리기

 소셜 친구의 친구가 나를 타고 들어오면 내가 순대를 하는 사람이라는 것은 알 텐데 어떻게 하면 내 사업을 알리고 수익으로 이어지게 할 수 있을까? 궁금할 것이다. 방법은 간단하다. 나의 사업에 관한 내용은 프로필 카드에 적어 놓으면 된다. 살포시 숨겨둔 나의 프로필카드까지 찾아들어온 사람은 절대로 부담을 느끼지 않는다. 하지만 광고 포스팅만 가득한 사람이 친구 신청을 하면 매우 부담스럽다는 것을 꼭 기억해야 한다.

비법 42 나의 음식을 팔면 안 된다. 열정을 팔아야 한다

카스나 페북에 어떤 내용을 올려야 할까?

◀ 119 수제순대 1월 1일 오픈합니다. 많이 와주세요.

◀ 119 수제순대에서 119 철판볶음 출시합니다. 많은 성원 부탁드립니다.

◀ 특별한 재료를 구했습니다. 한정 상품 출시~ 다음 주까지만 판매합니다.

이런 글을 올리면 될까? 절대 안 된다! 아파트 현관문에 붙어있는 전단지만 해도 충분하다. 굳이 내 스마트폰까지 광고가 들어오는 것은 달갑지 않다. 그보다는 이런 내용을 올려야 한다.

◀ 전라북도 정읍으로 순대를 배우러 갑니다. 잘 배우고 오겠습니다.

◀ 순대를 배우는 첫날밤이 되었습니다. 생각보다 재미있게 배우고 선생님도 너무나 잘 가르쳐줘서 좋습니다.

◀ 오늘은 늦게까지 나만의 순대를 개발했습니다. 완성되면 끝내줄 것 같습니다. 기대됩니다.

◀ 이번에 순대를 만들다 터뜨렸네요.ㅠㅠ 슬픕니다.

내가 순대로 무엇인가 사업을 하고 있다는 것을 말하고 있지만 직접적으로 판매는 하지 않는다. 주변에서 시식을 시켜 달라고 해도 절대로 시켜주면 안 된다. 가격을 말해 달라고 해도 내가 직접 말해줘서는 안 된다. 굳이 가격을 말해주고 싶으면 지인이 대신 댓글로 가격을 말해주도록 해야 한다. 내가 판매하고자 하면 부담을 느낄 수 있다. 오직 나의 열정만 보여주는 것이다.

전단지는 어떻게 만들어야 할까? 그 전에 먼저 난센스 퀴즈를 한 가지 내겠다. 가장 맛있는 순대는 무엇인가? 아바이순대? 야채순대? 찹쌀순대? 카레순대? 백순대? 여러분이 무엇을 생각했던 그 말은 일단 모두 정답이다. 왜냐하면 그것이 여러분의 입맛이기 때문이다. 그리고 이 퀴즈의 정답은 '직접 만드는 순대'이다.

전단지에 맛있는 사진을 맛있게 찍어서 예쁜 디자인을 하면 효과가 매우 좋을까? 그렇지 않다. 누구나 전단지 사진을 예쁘게 찍고, 멋있게 만든다. 전단지에 우리의 캐츠프레이즈를 헤드라인으로 큼직하게 적고 우리의 스토리를 적는 것이다. 그리고 메뉴

가격, 영업시간, 전화번호, 위치, 단체 가능여부만 정확하게 적으면 된다. 스토리가 있는 전단지를 누가 읽겠냐고 생각할 수 있지만 의외로 많은 사람들이 읽고 사진만 가득한 전단지보다 오히려 더 기억에 남는다.

2 광고, 홍보! 어디에 해야 하나?

 광고, 홍보 어디에 해야 할까? 매장 앞을 지나가는 고객들은 우리 매장의 외관이 광고를 해줄 것이고 한번 방문한 고객은 우리의 시스템이 충성고객으로 만들 것이다. 그리고 나의 소셜 친구들은 자연스럽게 나의 이야기를 보고 있을 것이다. 이제 남은 것은 어떻게 소셜 인맥을 늘릴 것인가? 전단지는 어떻게 배포할 것인가?

비법 43 나는 카스, 페북 마니아

    2014년 6월 현재 마케팅 수단으로 가장 중요한 것은 명실 공히 스마트폰을 이용한 소셜 네트워크 서비스이다. 이 매체를 내가 정확하게 파악하고 있다면 엄청난 무기가 될 수 있다. 하지만 방법을 모른 채 그저 광고용으로만 사용하겠다고 생각하면 절대로 그 효과를 발휘할 수 없다. 혹자는 말한다. 우리는 나이가 많아서 카스 안 한다고. 그것은 몰라서 하는 말이다. 카스를 안 하는 것이 아니다. 주로 눈팅을 할 뿐이다.

    * 눈팅이란 글을 남기지 않고 다른 사람이 올린 글을 읽기만 하는 것.

    카카오스토리나 페이스북을 이용하여 마케팅을 하기 위해서는 단순히 광고, 홍보만을 목적으로 해서는 안 된다. 스스로 이런 매체의 마니아가 되어서 그 특성을 잘 알고 있어야 제대로 된 마케팅을 할 수 있다. 그렇지 않으면 기껏 해봐도 아무런 도움도 안 되네... 라는 푸념을 하게 될 것이다. 카스나 페북은 상상도 할 수 없는 위력적인 마케팅 수단이다. 만약 자신의 친구가 8,000명이라고 치자. 글을 한번 올리면 동시에 8,000명에게 노출되는 것이다.

이기 때문에 음료수를 주면 매우 좋아한다.

② 공무원

택시기사와 마찬가지로 지역을 꽉 잡고 있는 경우는 바로 공무원이다. 특히 손님을 많이 상대하는 공무원은 필히 알려야 한다.

③ 인근 상가

대체적으로 근무시간이 길기 때문에 일찍 마감을 하는 업소라면 쉽게 올 수 없는 직업을 가진 분들이지만 항상 그 자리에서 다양한 소문을 접하는 위치에 있기 때문에 필히 알려야 한다.

이렇게 세 곳은 확실하게 전단지를 배포하도록 한다. 바쁘게 지나가는 유동인구에게 전단지를 많이 배포하는 것보다 훨씬 효과가 좋다.

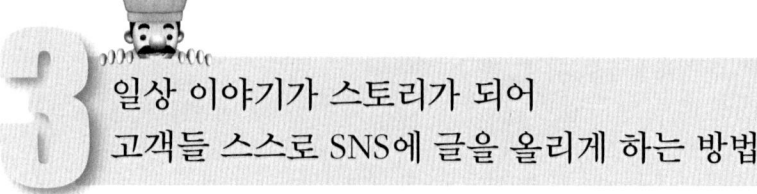

3. 일상 이야기가 스토리가 되어 고객들 스스로 SNS에 글을 올리게 하는 방법

대가를 지불하지 않고 고객들 스스로 소셜네트워크 서비스에 글을 올리게 할 수 있다. 앞으로 남은 강좌에서 계속 강조하겠지만 일단 스스로 마니아가 되어야만 한다.

비법 45 입소문의 원리 및 스토리텔링 예제

직접 수경재배를 하는 찜 전문점이 있다.

콩나물, 무, 허브 등을 직접 수경재배로 키운다고 한다.

에이, 식당에서 그런 걸 어떻게 해?

그 비싼 장비가 정말 있을까?

가게 안을 들어서니 향긋한 허브향이 난다. 그리고 졸졸졸 물소리가 난다.

바로 눈앞에서 허브와 콩나물과 무 새싹이 자라나고 있다.

식당 안에 들어서니 향긋한 향기가 나고, 야채들이 자라고 있다.

그야말로 도심 속의 농장이다.

맛은 어떨까?

아까부터 사람들이 땀을 흘리면서 먹고 있다.

궁금함을 참지 못하는 우리는 앉아서 음식을 주문했다.

신선한 재료를 썼다고 하니 더 맛있어 보이지만 여느 찜 전문점과 차이는 없어 보인다.

제공된 찜을 소스에 콕 찍어먹는데, 오! 맵다.

매운맛을 삭히기 위해 재빠르게 국물을 한 숟가락 떠서 입에 털어 넣었다.

국물 진짜 시원하다!

옆에 사장님이 오셔서 설명해주시는데 이것이 무 새싹에서 나오는 시원한 맛이라고 한다.

소주 한잔 하고, 또다시 조개를 찍어먹었다.

오! 맵다. 그런데 자꾸 찍어먹게 된다.

뭐랄까? 매운데 손이 가는 중독성 있는 맛?

특별한 곳에서, 배부르게 먹고

허브 화분 한 개와 무 새싹 수경재배 화분 한 개를 사들고 왔다.

찜 전문점에서 수경재배 화분을 사들고 나오다니 ㅋㅋㅋ

도심 속의 자연!

 비법 46 찍고 싶은 것을 제공하라

어떻게 하면 블로그 및 SNS에 우리의 이야기가 올라올 수 있을까?

간단하다. 사진을 촬영하게 만들면 된다.

어떻게 하면 블로그에 글이 많이 올라올까가 아니라 어떻게 하면 찍고 싶을까를 생각하면 된다.

비법 47 20초 먼저 말해줘라

요즘은 거의 대부분의 사람들이 스마트폰을 사용하고 있기 때문에 모두의 손에는 최소 한 대의 디카가 들려있다고 할 수 있다. 사람들이 사진 촬영을 유도하고자 하면 다음과 같이 하자. 먼저 고객에게 음식이 곧 나올 것이며 어떻게 사진을 찍으면 좋다는 팁을 알려주는 것이다. 이 글을 읽는 사람이 기성세대라면 특히 실험해보기를 권한다. 고객들의 반응은 생각보다 호의적이며 상당히 즐거워할 것이다.

비법 48 체험시켜라

찌개와 전골과 샤브샤브의 차이가 무엇인지 아는가?

찌개는 모두 끓여서 나오는 음식이다.

전골은 고객이 직접 끓여서 먹는 음식이다.

샤브샤브는 야채나 고기 등을 직접 요리해서 먹는 음식이다.

아이러니한 것은 찌개가 가장 싸고, 전골, 샤브샤브로 갈수록 비싸진다. 직접 음식을 만들수록 가격이 비싸지는 것이다. 왜 그럴까? 끓이는 음식은 질이 좋지 않은 재료를 사용해도 되기 때문일까? 설마 끓여서 나오는 음식이라고 나쁜 재료를 구해서 사용할까? 음식을 만드는 사람은 절대로 그런 짓을 하지 않는다.

고객이 음식을 만드는 과정에 참여할수록 만족도가 높아진다.

단, 전제조건이 있다. 음식을 만드는 과정에 참여를 하되, 내가 참여함으로 인해 맛이 떨어질 가능성이 있어서는 안 된다. 전골

끓이기, 샤브샤브 재료 넣기, 깨 빻기, 소금 빻기 등 어떤 것도 맛이 떨어질 일은 전혀 없는 재미있는 요리놀이가 된다.

실수를 해도 맛이 떨어지지 않는 상황을 만들어서 체험시켜라!

비법 49 명함 추첨 이벤트로 SNS 친구를 확보하라

 식당을 하면서 카운터에 명함 추첨통을 넣어두는 곳이 많이 있다. 매일 추첨 또는 매주 또는 매달 추첨을 한다. 어떻게 공지해야 할까? 식당에 매일 오지 않으면 알 수 없도록 식당 내에만 비치해야 할까?

 당첨자는 나의 블로그, 페이스북, 카카오스토리에 공지한다. 굳이 어렵게 홈페이지를 만들 필요는 없다. 관리가 안 될 경우 오히려 해가 된다. 누구라도 쉽게 관리할 수 있고, 언제라도 쉽게 볼 수 있도록 SNS에서 볼 수 있도록 하는 것이다.

 마지막으로 나의 SNS에는 어떤 내용을 올려야 할까?
 중복되는 말이지만 절대로 신제품 홍보를 위한 광고판으로 사용해서는 안 된다. 나의 열정을 보여주기 위한 나의 무대로 만들어야 한다. 필자의 경우 순대 세계화를 향한 열정으로 글을 지속적으로 올렸다. 처음에는 비웃음도 많이 샀지만 지금은 함께 하는 식구들도 많이 늘었으며, 많은 이들의 응원을 받고 있다.

만약 필자가 광고판으로만 활용을 하였다면 이렇게 여러 사람들의 응원과 도움을 받을 수 있게 될 수 있었을까? 다시 한 번 강조하지만 절대로 광고 하지 말고 열정을 보여주기 바란다.

비법 50 성공을 점검하라

이제 마지막 단계까지 왔다. 이 단계에서 마무리 정리를 할 것이다. 다양한 서비스와 이벤트는 고객을 즐겁게 할 수 있다. 그러나 좋은 서비스와 잘 기획된 이벤트라고 해도 기본적으로 중요한 바탕이 결여되어서는 올바른 효과를 거두기가 어렵다. 기본바탕은 무엇인가? 그것은 무조건적인 맛과 위생이다.

식당을 오픈하면 아무리 잘하더라도 오래지 않아 어려운 상황에 부딪히고는 한다. 당신은 어떤 경우가 닥치더라도 흔들리지 않을 자부심을 지킬 수 있어야 한다. 그러기 위해서는 확신을 가질 수 있는 음식 맛을 오픈 전에 만들어 내고 유지하도록 해야 한다. 더불어 음식의 조리를 하는 과정은 물론이고 환경적으로도 철저한 위생상태를 항상 청결하게 유지하여야 한다.

하지만 너무 많은 서비스는 자칫 집중력이 분산되어 역효과를 낼 수 있다. 또 한쪽으로만 특화된 서비스를 제공하면 고객의 감성을 충분히 자극하지 못할 수 있다.

서비스도 오감을 만족시킬 수 있는 일관성 있는 스토리로 기획하여야 한다. 최적의 조건이 갖추어진 기본바탕(맛과 위생)과 스토리로 꾸며진 서비스가 하나의 화음으로 이루어질 때 고객의 감성을 자극하게 되고, 우리가 원하는 성공에 바짝 다가서게 될 것이다.

아래의 표는 만든 스토리를 하나씩 점검하도록 만든 것이다. 간략하게 서술하면서 이야기를 다시 한 번 점검해보기 바란다.

<오감만족, 감성자극 체크표>

1	시각	
2	청각	
3	후각	
4	미각	
5	촉각	
6	비위생적 요소	
7	스토리의 일관성